Vorwort

Liebe Kolleginnen und Kollegen,

mit dem vorliegenden Band Musik kompakt 1. Jahrgangsstufe erhalten Sie zum neuen Lehrplan erstmals ein komplettes Werk mit praktischen Stundenbildern, denen das gesamte kopierfähige Unterrichtsmaterial beigelegt ist: Tafelbilder, Folien, Lied- und Arbeitsblätter.
Für Ihre integrative Arbeit finden Sie am Ende jeder Unterrichtssequenz Vorschläge für Querverbindungen, Arbeitsblätter, aber auch detaillierte Unterrichtsstunden.
Die Checkliste am Anfang jeder Unterrichtsstunde wird Ihnen dabei die Organisation erleichtern.
Jede Musikstunde, in der gesungen wird, sollte mit vorbereitenden Atem- und Stimmbildungsübungen beginnen. Hierzu sind zahlreiche Vorschläge in jeder Unterrichtssequenz aufgeführt. Die einzelnen Übungen sollten von den Kindern aber nicht nur ein Mal, sondern mehrmals nachgemacht werden. Mit der Zeit sollten die Schüler das Atmen mithilfe des Zwerchfells lernen. Dabei sollte der Lehrer darauf achten, dass die Schüler beim Atmen nicht die Schultern anheben.
Wie tatsächlich mit dem Zwerchfell geatmet werden kann, können die Kinder erfahren, wenn sie sich mit dem Rücken auf den Boden legen. Auf ihrem Bauch liegt ein Buch oder ein Federmäppchen. Beim Ein- und Ausatmen hebt bzw. senkt sich der Gegenstand auf dem Bauch.
Am Ende des Werkes finden Sie Musikbeispiele. Diese sind nicht als Unterrichtssequenzen konzipiert. Zur Verwirklichung der musikalischen Ziele werden diese vielmehr zwischendurch in den Unterrichtsalltag eingebaut.
Zu diesem Werk ist eine didaktisch aufbereitete CD erhältlich. Alle Lieder sind kindgemäß gesungen. Im Anschluss an jedes Lied ermöglicht das Playback, das Lied gemeinsam mit den Kindern in musikalischer Begleitung zu singen.

Viel musikalischen Spaß mit Ihren Kindern

wünscht Ihren das Autorenteam

Inhaltsverzeichnis

C. Nöth / A. Reichert / C. Vogt

Musik kompakt

1. Jahrgangsstufe

umweltfreundlich
auf chlorfreiem Papier

ISBN 3-89291-266-1

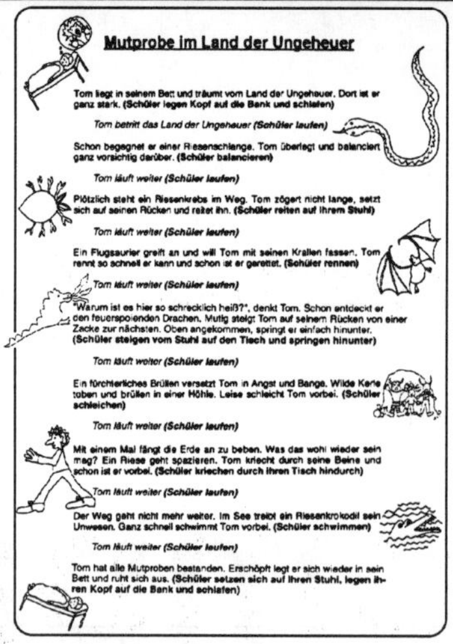
Mutprobe im Land der Ungeheuer

Tom liegt in seinem Bett und träumt vom Land der Ungeheuer. Dort ist er ganz stark. **(Schüler legen Kopf auf die Bank und schlafen)**

Tom betritt das Land der Ungeheuer ***(Schüler laufen)***

Schon begegnet er einer Riesenschlange. Tom überlegt und balanciert ganz vorsichtig darüber. **(Schüler balancieren)**

Tom läuft weiter ***(Schüler laufen)***

Plötzlich steht ein Riesenkrebs im Weg. Tom zögert nicht lange, setzt sich auf seinen Rücken und reitet ihn. **(Schüler reiten auf ihrem Stuhl)**

Tom läuft weiter ***(Schüler laufen)***

Ein Flugsaurier greift an und will Tom mit seinen Krallen fassen. Tom rennt so schnell er kann und schon ist er gerettet. **(Schüler rennen)**

Tom läuft weiter ***(Schüler laufen)***

"Warum ist es hier so schrecklich heiß?", denkt Tom. Schon entdeckt er den feuerspeienden Drachen. Mutig steigt Tom auf seinem Rücken von einer Zacke zur nächsten. Oben angekommen, springt er einfach hinunter. **(Schüler steigen vom Stuhl auf den Tisch und springen hinunter)**

Tom läuft weiter ***(Schüler laufen)***

Ein fürchterliches Brüllen versetzt Tom in Angst und Bange. Wilde Kerle toben und brüllen in einer Höhle. Leise schleicht Tom vorbei. **(Schüler schleichen)**

Tom läuft weiter ***(Schüler laufen)***

Mit einem Mal fängt die Erde an zu beben. Was das wohl wieder sein mag? Ein Riese geht spazieren. Tom kriecht durch seine Beine und schon ist er vorbei. **(Schüler kriechen durch ihren Tisch hindurch)**

Tom läuft weiter ***(Schüler laufen)***

Der Weg geht nicht mehr weiter. Im See treibt ein Riesenkrokodil sein Unwesen. Ganz schnell schwimmt Tom vorbei. **(Schüler schwimmen)**

Tom läuft weiter ***(Schüler laufen)***

Tom hat alle Mutproben bestanden. Erschöpft legt er sich wieder in sein Bett und ruht sich aus. **(Schüler setzen sich auf ihren Stuhl, legen ihren Kopf auf die Bank und schlafen)**

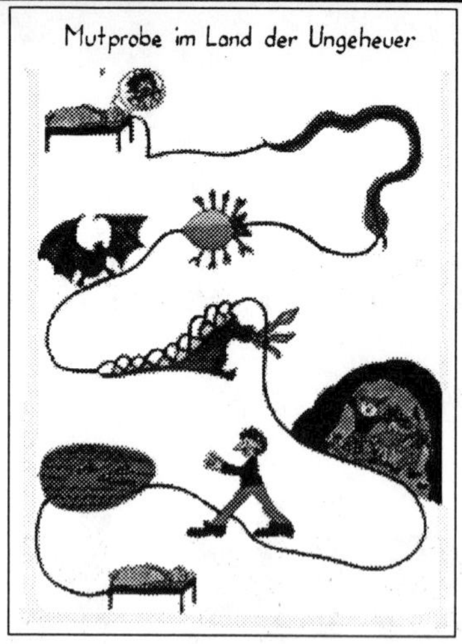

Inhaltsübersicht:

Abenteuerreisen Bd. I

Nr. 792 9 Farbf. **DM 39,90/**€20,40
mit Textbegleitung

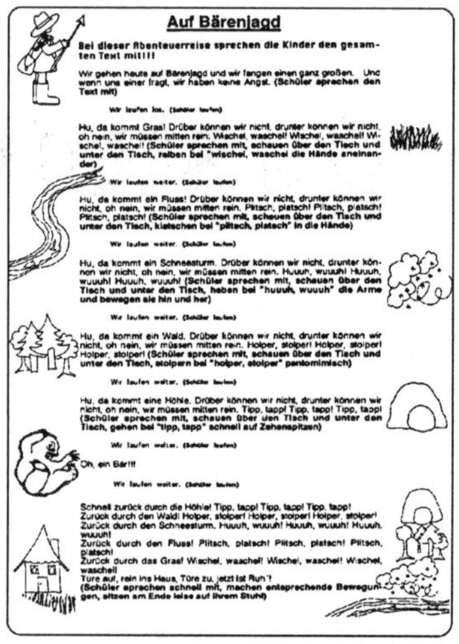
Auf Bärenjagd

Bei dieser Abenteuerreise sprechen die Kinder den gesamten Text mit!!!

Wir gehen heute auf Bärenjagd und wir fangen einen ganz großen. Und wenn uns einer fragt, wir haben keine Angst. **(Schüler sprechen den Text mit)**

Wir laufen los. (Schüler laufen)

Hu, da kommt Gras! Drüber können wir nicht, drunter können wir nicht, oh nein, wir müssen mitten rein. Wischel, waschel! Wischel, waschel! Wischel, waschel! **(Schüler sprechen mit, schauen über den Tisch und unter den Tisch, reiben bei "wischel, waschel die Hände aneinander)**

Wir laufen weiter. (Schüler laufen)

Hu, da kommt ein Fluss! Drüber können wir nicht, drunter können wir nicht, oh nein, wir müssen mitten rein. Plitsch, platsch! Plitsch, platsch! Plitsch, platsch! **(Schüler sprechen mit, schauen über den Tisch und unter den Tisch, klatschen bei "plitsch, platsch" in die Hände)**

Wir laufen weiter. (Schüler laufen)

Hu, da kommt ein Schneesturm. Drüber können wir nicht, drunter können wir nicht, oh nein, wir müssen mitten rein. Huuuh, wuuuh! Huuuh, wuuuh! Huuuh, wuuuh! **(Schüler sprechen mit, schauen über den Tisch und unter den Tisch, heben bei "huuuh, wuuuh" die Arme und bewegen sie hin und her)**

Wir laufen weiter. (Schüler laufen)

Hu, da kommt ein Wald. Drüber können wir nicht, drunter können wir nicht, oh nein, wir müssen mitten rein. Holper, stolper! Holper, stolper! Holper, stolper! **(Schüler sprechen mit, schauen über den Tisch und unter den Tisch, stolpern bei "holper, stolper" pantomimisch)**

Wir laufen weiter. (Schüler laufen)

Hu, da kommt eine Höhle. Drüber können wir nicht, drunter können wir nicht, oh nein, wir müssen mitten rein. Tipp, tapp! Tipp, tapp! Tipp, tapp! **(Schüler sprechen mit, schauen über den Tisch und unter den Tisch, gehen bei "tipp, tapp" schnell auf Zehenspitzen)**

Wir laufen weiter. (Schüler laufen)

Oh, ein Bär!!!

Wir laufen weiter. (Schüler laufen)

Schnell zurück durch die Höhle! Tipp, tapp! Tipp, tapp! Tipp, tapp!
Zurück durch den Wald! Holper, stolper! Holper, stolper! Holper, stolper!
Zurück durch den Schneesturm. Huuuh, wuuuh! Huuuh, wuuuh! Huuuh, wuuuh!
Zurück durch den Fluss! Plitsch, platsch! Plitsch, platsch! Plitsch, platsch!
Zurück durch das Gras! Wischel, waschel! Wischel, waschel! Wischel, waschel!
Türe auf, rein ins Haus, Türe zu, jetzt ist Ruh'!
(Schüler sprechen schnell mit, machen entsprechende Bewegungen, sitzen am Ende leise auf ihrem Stuhl)

Inhaltsübersicht:

Abenteuerreisen Bd. II

Nr. 799 9 Farbf. **DM 39,90/**€20,40
mit Textbegleitung

Inhaltsübersicht:

Bewegungsideen für zwischendurch

Nr. 957 *36 S.* **DM 16,90/**€8,64

Inhaltsübersicht:

Lustige Muntermacher 1.-4.

Nr. 859 *72 S.* **DM 22,90/** €11,71

Inhaltsverzeichnis:

Kleine Hilfen zum Unterricht 1.-4.

Nr. 359 *48 S.* **DM 18,90/**€9,66

Ein Herbst ist das

Vorbereitung:

* beiliegendes Tafelbild vergrößert kopieren
* Arbeitsblatt in Schülerzahl kopieren

Vorbereitende Übungen:

Alle Übungen werden mehrmals durchgeführt. Die Schüler stehen hinter ihrem Stuhl.

L: Wir machen heute im Gedanken einen Herbstspaziergang. Du gehst vor die Haustüre und merkst, dass der Sommer vorbei ist. Die Luft ist kühl geworden, dir ist kalt, du frierst.

Sch: reiben sich die Hände

L: Du hüpfst ein bisschen auf der Stelle, damit dir warm wird.

Sch: hüpfen

L: Dir ist schon gut warm geworden, doch da hörst du den Wind um die Häuserecke pfeifen.

Sch: huiiiiiiii (langgezogener Laut)

L: Der Wind wirbelt auch Blätter durch die Luft. Ein Blatt fällt genau vor deine Nase. Doch es soll weiterfliegen und du bläst es an.

Sch: f, f, f (kurzes, stoßweises Atmen, die Schultern nicht hochgezogen)

L: Du kannst den Herbst auch schon riechen. Du atmest ihn tief ein.

Sch: atmen tief in den Bauch (Schultern nicht hochziehen)

L: Da entdeckst du auf der anderen Straßenseite deinen Freund. Du rufst ihm „Hallo, hallo!" zu (Lehrer singt):

Sch: singen nach

L: Da bittest du deinen Freund: „Komm doch mit!" (Lehrer singt)

Sch: singen nach

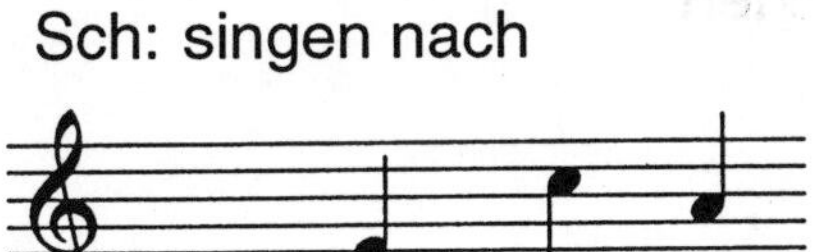

Einstimmung:

L: Die beiden Freunde marschieren los. Was sie im Herbst alles erleben, kannst du auf dem Bild sehen.

Der Lehrer hängt das Herbstbild an die Tafel.

Sch: Mütze fliegt weg, Blätter fliegen durch die Luft, Pflaumen fallen vom Baum, Drachen steigen, Pfützen stampfen

Erarbeitung von Rhythmus und Text:

L: Der Junge, dem die Mütze wegflog, ärgert sich sehr. Er schimpft: „Ein Herbst ist das" (Rhythmus beachten!)

Sch: schimpfen rhythmisch: „Ein Herbst ist das“

Sein Freund jedoch stapft in die Pfützen und freut sich „...ein Riesenspaß“ (Rhythmus beachten)

Sch: sprechen rhythmisch: „ein Riesenspaß“

L: Was die beiden Freunde noch erleben, singe ich dir jetzt vor.

Der Lehrer singt das gesamte Lied vor.

Sch: hören zu, erzählen nach

L: Etwas aus dem Lied ist nicht auf dem Bild zu sehen.

Sch: Herbst will nach Japan

L: Vielleicht hast du eine Idee, was das bedeuten könnte.

Sch: Herbst geht wieder und Winter kommt

Erarbeitung der Melodie:

Der Lehrer spielt die Melodie vor.

L: Du darfst zum Herbstlied passend im Klassenzimmer hüpfen.

Sch: hüpfen im Takt durchs Klassenzimmer

Der Lehrer spielt die Melodie vor und unterbricht an verschiedenen Stellen, um den letzten Ton zu halten.

L: Du darfst jetzt die Melodie leise mitsummen. Wenn ich einen Ton ganz lange spiele, versuchst du diesen richtig mitzusummen.

Sch: summen Schlusston

Der Lehrer singt nun die 1. Strophe des Liedes zeilenweise vor.

Sch: singen nach

Gemeinsames Singen des gesamten Liedes.

Möglichkeiten der Ausgestaltung:

* Bei „Ein Herbst ist das“ dürfen die Schüler klatschen

* Begleitung mit Orff-Instrumenten

FÄCHER ÜBERGREIFENDER UNTERRICHT

Kunst:

Drachen mit Wachsmalkreiden malen. Den Hintergrund mit Wasserfarben blau einfärben. An einer aufgeklebten Wollschnur werden Schleifen aus Transparentpapier befestigt.

Deutsch / Schreiben:

„Brief an den Herbst“ - „Eine schöne Herbstgeschichte“

Heimat- und Sachunterricht:

Die Jahreszeiten

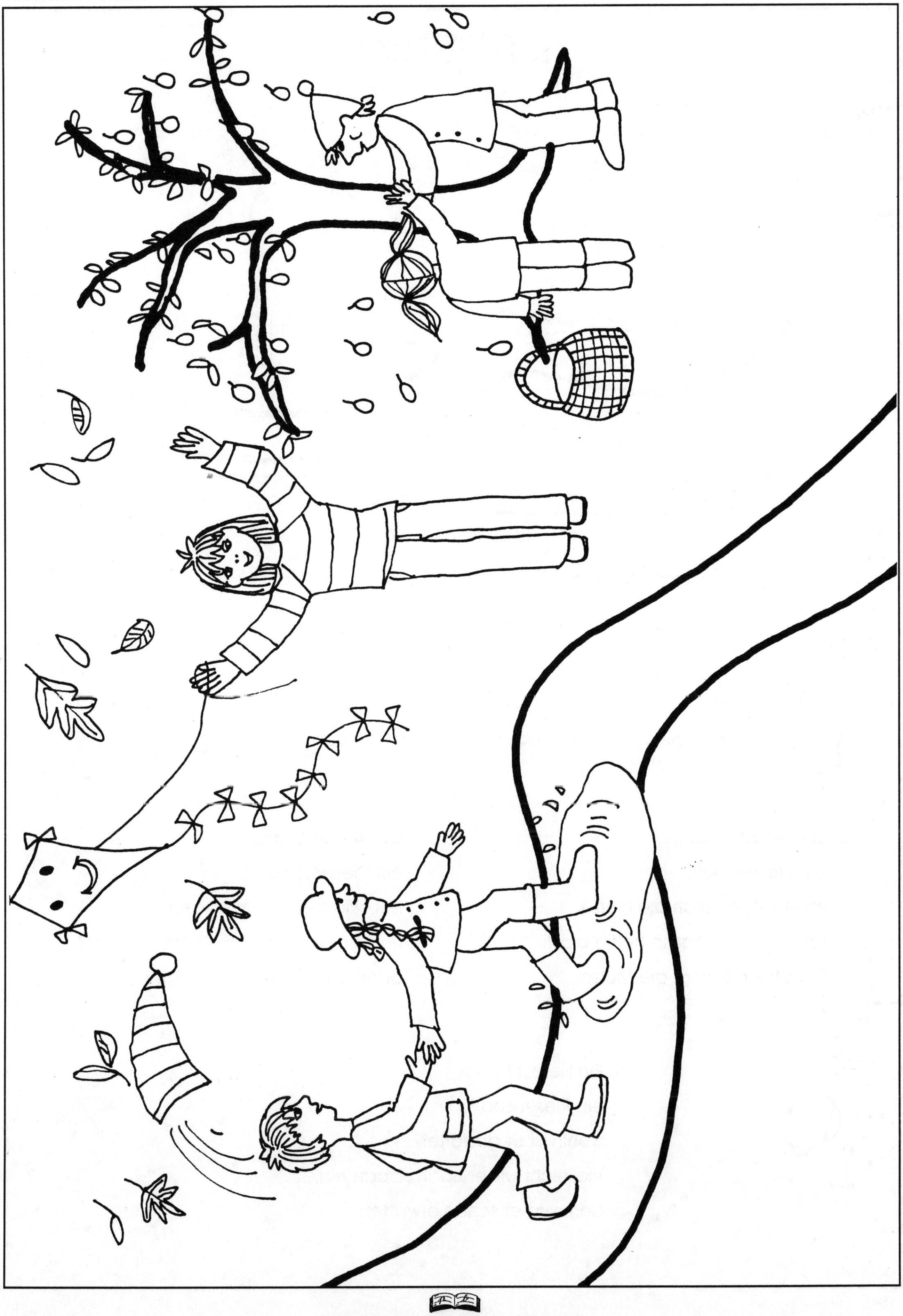

Herbstlied

2. Ein Herbst ist das,
ein Riesenspaß,
wir stapfen durch die Pfütze.
Und wenn es gar so heftig bläst:
O weh – da fliegt die Mütze!

3. Ein Herbst ist das,
ein Riesenspaß,
hei, wie die Blätter fliegen.
Und steigt einmal mein Drachen auf,
dann kann ich ihn nicht kriegen.

4. Ein Herbst ist das,
ein Riesenspaß,
wohin ist er gestartet?
Vielleicht will er nach Japan hin,
dort wird er schon erwartet.

Hexenrezept

1. UZE

Vorbereitung:

* Bild mit der kleinen Hexe kopieren

* Bilder für die Strophen kopieren

Einstieg:

Der Lehrer hängt das Bild mit der kleinen Hexe auf.

Sch: äußern sich

L: Die kleine Hexe versucht heute, eine Hexensuppe nach ganz altem Rezept zu kochen. Dazu braucht sie bestimmte Zutaten. Du hast sicher eine Idee, was sie dazu braucht.

Sch: vermuten

Erarbeitung des Sprechstückes:

L: Das braucht die kleine Hexe für ihre Suppe.

Der Lehrer hängt die Bilder der 1. Strophe an die Tafel

Sch: äußern sich, beschreiben die Bilder

L: Damit die Hexensuppe gut gelingt, muss die kleine Hexe die Zutaten wie eine Zauberformel murmeln. Du darfst ihr dabei helfen.

Der Lehrer spricht die 1. Strophe und zeigt auf die Bilder an der Tafel.

L: Auch die kleine Hexe muss ihren Zauberspruch noch üben. Sie spricht ihn laut, leise, schnell, langsam…

Sch: sprechen Zauberspruch mit: laut, leise, schnell, langsam…

L: Jetzt übt die kleine Hexe ihren Zauberspruch und rührt dabei kräftig in der Suppe.

Sch: sprechen mit und machen rührende Armbewegung

Die Erarbeitung der folgenden 3 Strophen erfolgt analog. Allerdings wird bei der Erarbeitung jeder Strophe ein anderes Körperinstrument eingesetzt:

2. Strophe:

L: Jetzt übt die kleine Hexe ihren Zauberspruch und klopft mit ihren langen Hexennägeln auf den Tisch.

Sch: sprechen mit und klopfen auf den Tisch

3. Strophe:

L: Jetzt übt die kleine Hexe ihren Zauberspruch und stampft auf dem Tisch.

Sch: steigen auf den Tisch, stampfen und sprechen mit

4. Strophe:

L: Jetzt übt die kleine Hexe ihren Zauberspruch und patscht sich auf ihr Gesäß.

Sch: sprechen mit und patschen auf ihr Gesäß

Abschluss:

L: Die kleine Hexe möchte nun ausprobieren, ob sie alle Zauberformeln hintereinander aufsagen kann.

Sch: wiederholen Strophen 1 - 4 mit Einsatz der Körperinstrumente

Ausgestaltung:

Schülergruppen sprechen ihr eigenes Rezept mit selbst gefundener Modulation der Stimme und Körperinstrumente bzw. Orff-Instrumente.

TAFELBILD

(für 1. und 2. UZE)

1. UZE

Hexenrezept

2. UZE

Gift

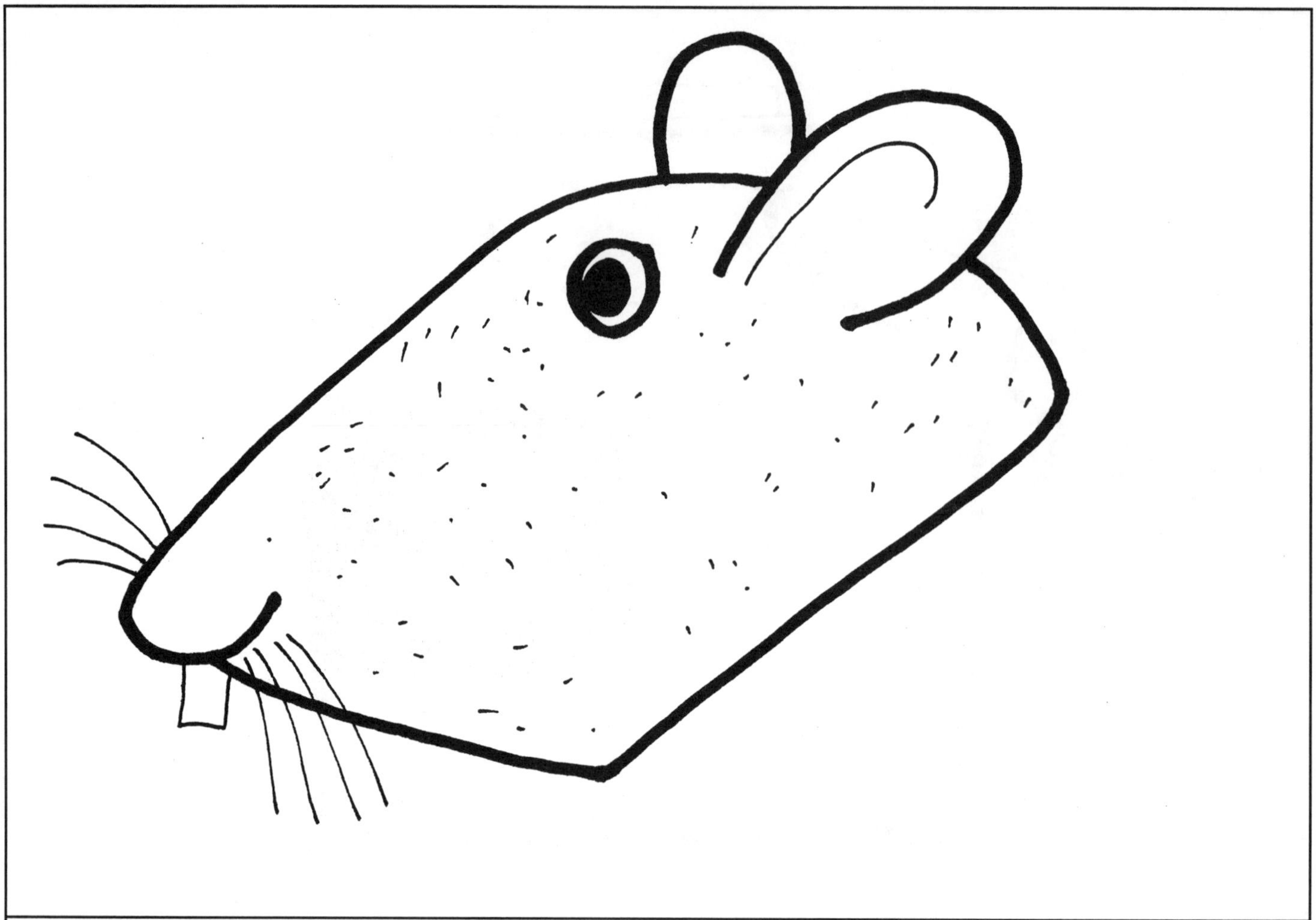

2. UZE

Vorbereitung:

* Tafelbild der 1. UZE weiterverwenden
* Rabe Abraxas kopieren
* Arbeitsblatt in Anzahl der Schüler kopieren

Anknüpfung:

Der Lehrer deutet auf TA 1

Sch: wiederholen und sprechen gemeinsam das Rezept.

Der Lehrer heftet das Bild vom Raben Abraxas an die Tafel

Sch: äußern sich

Vorbereitende Übungen:

L: Rabe Abraxas zweifelt sehr daran, dass der kleinen Hexe das Rezept gelingt. Schon jetzt macht er sich über sie lustig und lacht sie aus.

L: macht Abraxas vor: „hohohohoho“

Sch: machen nach „hohohohoho“

L: „hahahahaha“

Sch: „hahahahaha“

L: „hihihihihi“

Sch: „hihihihihi“

Erabeitung:

L: Abraxas warnt die kleine Hexe und singt deshalb folgendes Lied:
Der Lehrer singt das Lied vor: „Liebe kleine Hexe, gib fein acht!
Hast du wirklich alles richtig gemacht?“

L: Wir wollen auch nicht, dass die Hexensuppe schief geht. Warne auch die kleine Hexe.

Der Lehrer singt das Lied.

Sch: singen mit

L: Die kleine Hexe hört nicht richtig hin. Wir müssen sie nochmals warnen.

Der Lehrer singt vor.

Sch: singen mit

L: Vielleicht hört die kleine Hexe auf dich alleine.

Sch: singen alleine

Zusammenführung von Sprechstück und Lied:

L: Die kleine Hexe will ihre Suppe nun endlich ausprobieren. Sie spricht ihre 1. Zauberformel:

Sch: sprechen mit dem Lehrer die 1. Strophe

L: Abraxas warnt sie wieder.

Sch: singen mit dem Lehrer das Lied

L: Die Hexe macht weiter mit dem 2. Zauberspruch.

Sch: sprechen mit dem Lehrer die 2. Strophe

L: Abraxas unterbricht sie wieder.

Sch: singen mit dem Lehrer das Lied

L: Die kleine Hexe macht tapfer weiter.

Sch: sprechen mit dem Lehrer die 3. Strophe

L: Ein letztes Mal warnt Abraxas.

Sch: singen mit dem Lehrer das Lied

L: Die kleine Hexe macht ihre Suppe fertig.

Sch: sprechen mit dem Lehrer die 4. Strophe

Ausklang:

L: Ob der kleinen Hexe die Suppe gelungen ist?

Wie die Suppe wohl aussieht?

Ob sich im Kochtopf wirklich eine Suppe befindet?

Was wohl Abraxas dazu sagt?

Sch: vermuten, erzählen

L: Du bekommst nun von mir den Zauberspruch der kleinen Hexe und die Warnung von Abraxas. Darauf darfst du malen, wie deine Geschichte weitergeht.

FÄCHER ÜBERGREIFENDER UNTERRICHT

Erstlesen, Erstschreiben

Einführung des Buchstaben „a" anhand der Zauberformel „Abrakadabra"

Arbeitsauftrag für das beiliegende Leseblatt „A a": Male die Äpfel mit den richtigen A a in zwei unterschiedlichen Farben an!

Kunst

Kleine Hexe mit Wachsmalkreiden malen

Hexenrezept

1. Spinnenkopf und Fröschebein,
   etwas Gift muss auch hinein!

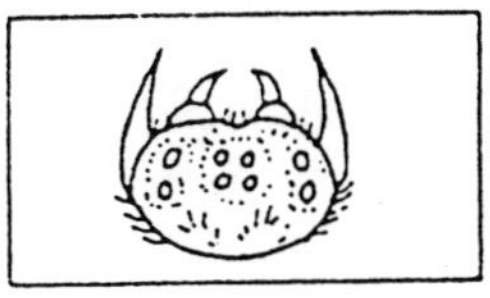

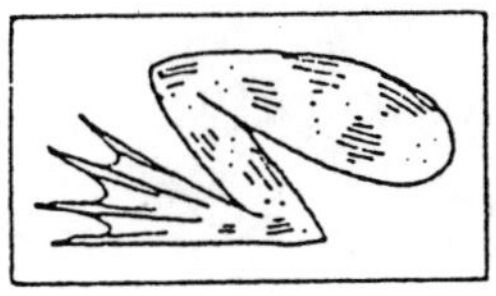

2. Tote Eule in den Topf,
   und noch einen Rattenkopf!

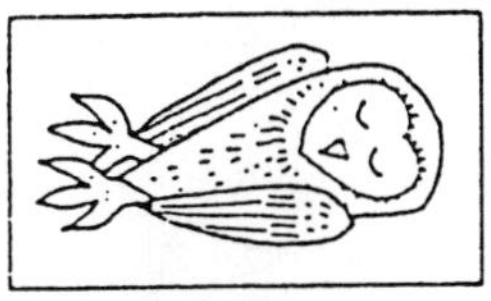

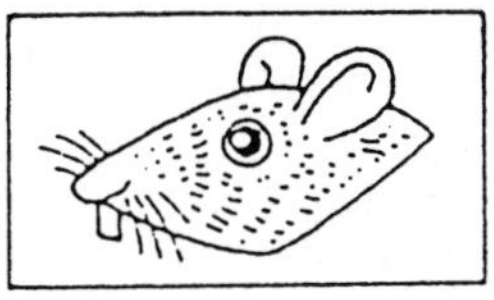

3. Fliegenpilze, Schneckenschleim,
   gut gerührt, schmeckt teuflisch fein!

4. Und zum Schluss noch obendrein
   müssen Eisennägel rein!

Male, wie deine Geschichte weitergeht!

Musik		

Die kleine Hexe zaubert

A a

Ampellied

Vorbereitung:

* Tafelbild 1: Landmaus vor Ampel kopieren
* Tafelbild 2: Polizist mit 3 Sprechblasen kopieren

Einstieg:

Lehrererzählung:

Eine kleine Maus lebt auf dem Land. Die Landmaus wohnt in einem Häuschen auf einer Wiese. Dort gibt es Blumen und viele Tiere. Am liebsten spaziert die kleine Landmaus über Felder, Wiesen, um Freunde zu besuchen. Bei Igel, Dachs und Maulwurf trinkt sie Kaffee und lässt sich Kuchen schmecken. Die kleine Maus hat ein ruhiges und unbeschwertes Leben. Heute ist jedoch ein ganz besonderer Tag. Die Landmaus will ihre Freundin, die Stadtmaus, besuchen.

L: Du kannst dir bestimmt denken, was für die Landmaus in der Stadt neu und gefährlich ist.

Sch: Autos, Lastwägen, Motorräder, breite Straßen, Lärm, viele Mäuse, Abgase, Qualm, hohe Häuser usw.

L: Als die Landmaus fast bei ihrer Freundin angekommen ist, steht sie vor einem großen Problem.

Der Lehrer zeigt das Tafelbild 1: Landmaus vor einer Ampel

L: Du kannst der Maus sicher helfen.

Sch: Ampel rot = stehen bleiben; Ampel grün = gehen; dennoch muss man nach links und rechts schauen; es gibt Ampeln zum Drücken; auch Polizisten helfen

Erarbeitung von Text und Rhythmus:

L: Ein Polizist kommt des Weges und sieht die hilflose Landmaus. Er kann ihr weiterhelfen und spricht:

Der Lehrer heftet Tafelbild mit Sprechblase 1 an und spricht rhythmisch:

L: Rot heißt stehn, stehn, stehn. Nein, du darfst nicht weitergehn.

Sch: sprechen nach

Der Lehrer spricht auf verschiedene Weise vor: befehlend, erklärend, liebevoll, laut, leise

Sch: wiederholen entsprechend, auch in Gruppen

L: Ebenso erklärt der Polizist der Landmaus:

Der Lehrer heftet Sprechblase 2 an und spricht rhythmisch vor:

L: Erst bei grün, grün, grün, darfst du endlich weiterziehn.

Sch: sprechen nach

Wiederholtes Vor- und Nachsprechen. Dabei können Körperinstrumente (Klatschen, Patschen, Stampfen) eingesetzt werden.

Erarbeitung der Melodie:

L: Der Polizist kennt das Ampellied, in dem alles gesungen wird, was sich die kleine Maus gut merken muss. In seinem Lied erfährt die Landmaus noch etwas Wichtiges zum Verhalten an der Ampel. Höre gut zu!

Der Lehrer singt das gesamte Ampellied vor.

Sch: äußern sich: wenn die Ampel auf Rot schaltet, während ich über die Straße gehe, gehe ich weiter

Der Lehrer heftet Sprechblase 3 an die Tafel und singt vor:

L: Doch springt mal die Farbe um, drehst du dich nicht mehr herum. Du gehst weiter und passt auf, aber nicht im Dauerlauf.

Sch: singen nach

Der Lehrer verbessert gegebenenfalls.

L: Der Polizist singt noch einmal deutlich vor, worauf die Maus achten muss. Du darfst dem Polizisten helfen.

Der Lehrer singt die drei Strophen (= 3 Sprechblasen) vor.

Sch: singen nach

Lehrer und Schüler singen Lied gemeinsam. Der Lehrer singt den Refrain, die Schüler singen die Strophen.

Sch: singen ggf. den Refrain mit

Ausgestaltung:

Schüler gehen passend zur Musik durchs Klassenzimmer.

1. Strophe: Die Schüler bleiben stehen und schütteln den Kopf.

2. Strophe: Die Schüler gehen weiter

3. Strophe: Die Schüler halten kurz an, gehen dann weiter.

FÄCHER ÜBERGREIFENDER UNTERRICHT

Heimat- und Sachunterricht:

Ampelspiel (Schulung der Reaktion):

Zwei Schüler stehen sich mit einigen Metern Abstand gegenüber. Ein Schüler erhält einen roten und grünen Kreis aus Tonpapier = Ampel. Der andere befolgt die Anweisungen seines Gegenüber (=Ampel). Bei Grün darf er gehen und bleibt bei Rot stehen. Ziel ist es, den Schüler mit der Ampel zu erreichen. Dann wird gewechselt.

Deutsch / Schreiben:

Die Schüler schreiben eine Geschichte über die Probleme der Stadtmaus, die die Landmaus besucht.

Rot heißt stehn,
stehn, stehn.
Nein, du darfst nicht
weitergehn!

Erst bei grün,
grün, grün,
darfst du endlich
weiterziehn.

Doch springt mal die Farbe um,
drehst du dich nicht mehr
herum.
Du gehst weiter und passt auf,
aber nicht im Dauerlauf.

Ampellied

Ei-ne klei-ne Maus hat´s schwer, hier bei uns im Stadt-ver - kehr. Willst du
ü-ber Stra-ßen geh´n, bleibst du an der Am-pel steh´n. 1. Rot heißt
2. Erst bei
stehn, stehn, stehn. Nein, du darfst nicht wei-ter-gehn! Rot heißt
Grün, Grün, Grün darfst du end - lich wei-ter-ziehn! Erst bei
stehn, stehn, stehn. Nein, du darfst nicht wei-ter-gehn! Rot heißt
Grün, Grün, Grün darfst du end - lich wei-ter-ziehn! Erst bei
darfst nicht wei-ter-gehn!
end - lich wei-ter-ziehn!
3. Doch springt mal die Far-be um, drehst du dich nicht mehr her - um.
Du gehst wei-ter und passt auf, a-ber nicht im Dau-er - lauf.

Wiegenlied der Tiere

(Weihnachtslied)

Vorbereitung:

* die beiliegenden Tierbilder (Hund, Esel, Katze, Kuh, Vogel) vergrößern
* Krippe vergrößern
* evtl. Masken für das Krippenspiel vergrößern

Einstimmung:

Der Lehrer hängt die Tierbilder ungeordnet an die Tafel.

Sch: äußern sich

L: Du kennst die Stimmen der verschiedenen Tiere.

Sch: äußern sich, z.B. Hund = wau, wau, Katze = miau, miau

Der Lehrer notiert in Sprechblasen mit.

L: Stell dir vor, du bist eine traurige Katze. Wie würdest du dann klingen?

Sch: imitieren Tierstimmen in verschiedenen Stimmungslagen, z.B. traurig, lustig, laut, leise, schnell, langsam.

Erarbeitung des Textes:

L: Die Tiere haben heute etwas Besonderes vor. Höre genau zu, was passiert!

Der Lehrer singt die 1. Strophe des Wiegenliedes mit Refrain und 2. bis 6. Strophe ohne Refrain vor.

Sch: äußern sich: Tiere singen dem Jesuskind ein Wiegenlied, gehen zur Krippe

Der Lehrer hängt das Krippenbild an die Tafel und schreibt die Überschrift dazu.

L: Das ist ein Wiegenlied der Tiere. Du hast bestimmt viele Ideen, wie diese Tiere singen.

Sch: singen mit Tierstimmen und erfinden dabei verschiedene Melodien

L: Ich singe dir das Wiegenlied noch einmal vor. Du kannst dann sicher die Tiere an unserem Tafelbild in die richtige Reihenfolge bringen.

Der Lehrer singt das ganze Wiegenlied vor.

Sch: hören zu ordnen die Tierbilder entsprechend der Reihenfolge im Lied

Erarbeitung der Melodie und des Rhythmus:

Der Lehrer singt / spielt die Melodie des gesamten Liedes vor.

L: Du kannst dich passend zur Melodie bewegen und deinen Körper hin und her wiegen.

Sch: stehen auf, wiegen sich im Takt hin und her

L: Stell dir vor, du hast das Jesuskind im Arm und wiegst es sanft zur Melodie hin und her.

Der Lehrer singt / spielt die Melodie vor.

Sch: halten das Baby gestisch im Arm und wiegen es hin und her

L: Wenn du kannst, darfst du leise die Melodie mitsummen.

Sch: summen mit, bewegen sich und wiegen das Baby im Arm

Der Lehrer singt die 1. Strophe und Refrain zeilenweise vor.

Sch: singen nach

Beim Singen der Strophen 2 bis 6 wird der Text des Refrains durch die jeweilige Tierstimme ersetzt.

Zum Abschluss kann die 1. Strophe noch einmal gesungen werden.

Ausgestaltung:

Die Klasse kann in mehrere Tiergruppen aufgeteilt werden, die ihren jeweiligen Refrain alleine singt. Die Strophen werden gemeinsam gesungen.

Krippenspiel:

Das Jesuskind liegt in der Krippe in der Mitte (z.B. Puppe im Bett auf Stroh). Die jeweilige Tiergruppe kommt zur Krippe, um zu singen. Während die Tiergruppe zur Krippe geht, singen die übrigen Schüler die Strophe. Beim Jesuskind angekommen, tragen die Tiere ihr Lied (=Refrain) vor. Dabei können die Tiere verkleidet sein, Masken tragen oder ein entsprechendes Stofftier mit zur Krippe bringen.

Weiterführung:

Die Schüler finden weitere Tiere, die zur Krippe gehen und dichten neue Strophen.

FÄCHER ÜBERGREIFENDER UNTERRICHT

Kunst:

Masken mit Fell, Federn, Lederresten o.ä. bekleben oder bemalen lassen.

Tafelbild

Das Wiegenlied der Tiere

piep

wau

muh

miau

ia

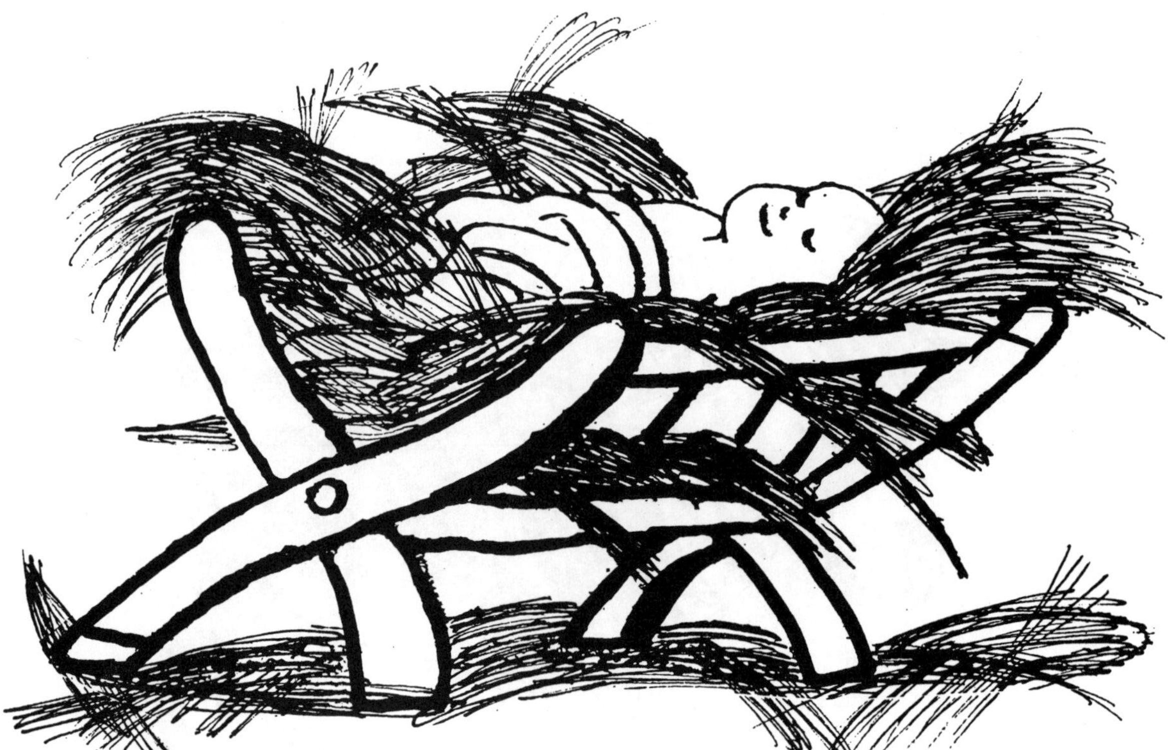

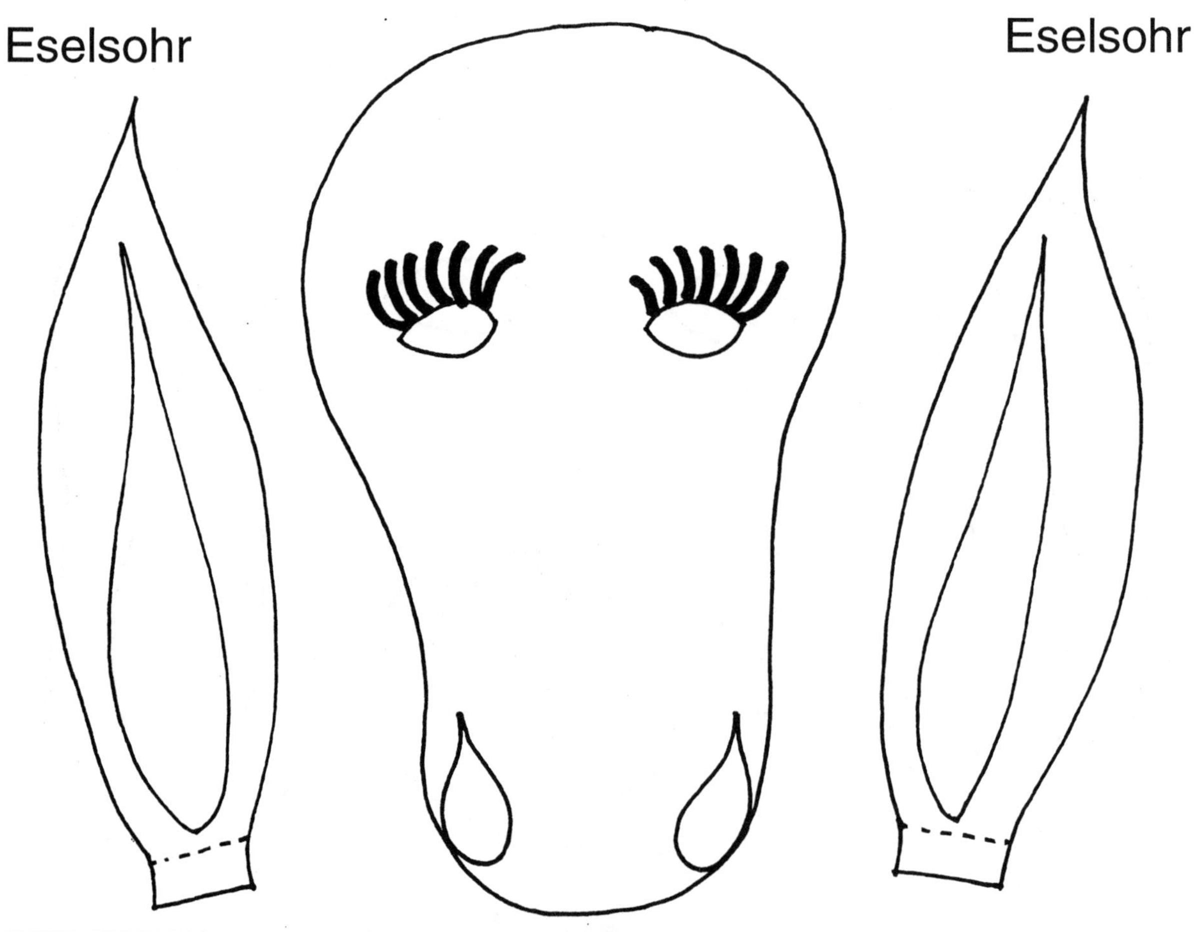
Eselsohr
Eselsohr

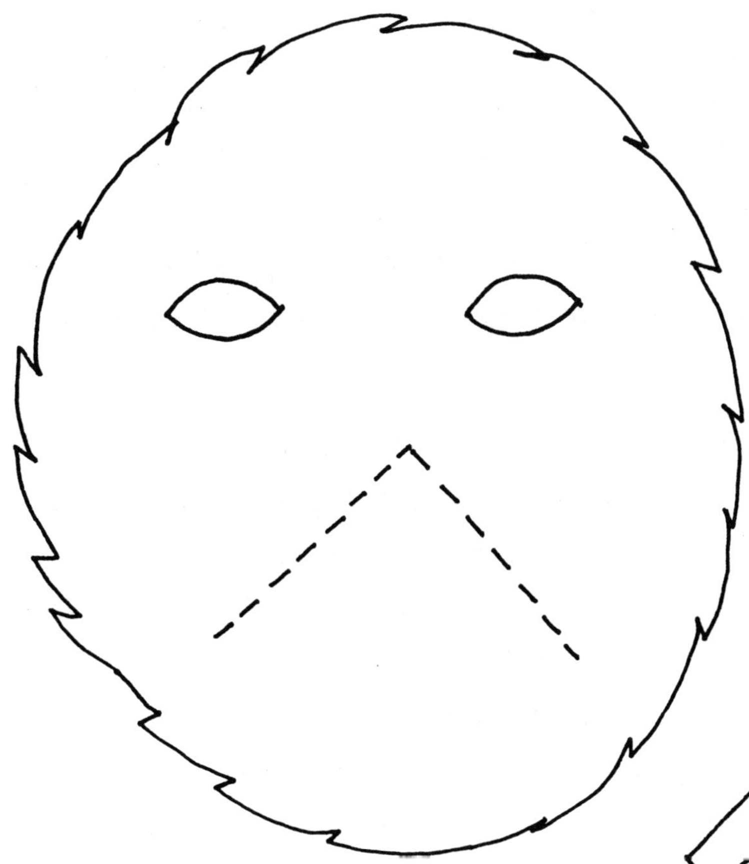

Vogelschnabel auf gestrichelte Linie kleben!

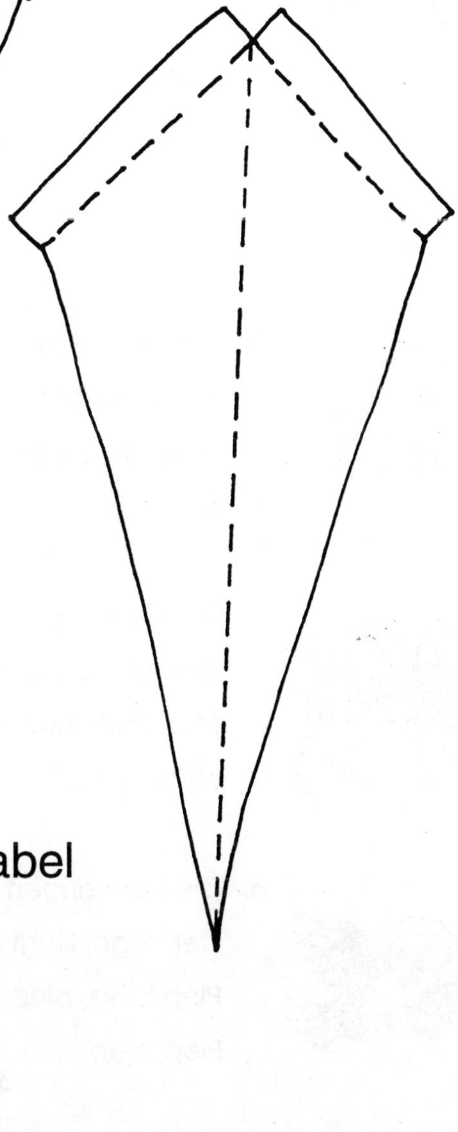

Vogelschnabel

Wiegenlied der Tiere

1. Die Tie - re sin-gen dem Je - sus-kind ein Wie-gen - lied.
Sie ge-hen al - le zur Krip-pe hin und sin-gen mit:

Schlaf ein, schlaf ein, schlaf ein, schlaf ein, du lie-bes Je-sus - kind.

2. Die Tiere singen dem Jesuskind ein Wiegenlied.
Die Katze schleicht zur Krippe hin und singt leise mit:
Miau, miau, miau, miau, du liebes Jesuskind.
Miau,....

3. Die Tiere singen dem Jesuskind ein Wiegenlied.
Der Hund, der geht zur Krippe hin und singt leise mit:
Wau-wau, wau-wau, wau-wau, wau-wau, du liebes Jesuskind.
Wau-wau,....

4. Die Tiere singen dem Jesuskind ein Wiegenlied.
Der Esel trabt zur Krippe hin und singt leise mit:
Ia, ia, ia, ia, du liebes Jesuskind.
Ia,....

5. Die Tiere singen dem Jesuskind ein Wiegenlied.
Die Kuh, die geht zur Krippe hin und singt leise mit:
Muh-muh, muh-muh, muh-muh, muh-muh, du liebes Jesuskind.
Muh-muh,....

6. Die Tiere singen dem Jesuskind ein Wiegenlied.
Der Vogel fliegt zur Krippe hin und singt leise mit:
Piep-piep, piep-piep, piep-piep, piep-piep, du liebes Jesuskind.
Piep-piep,....

Es war eine Mutter

Vorbereitung:

* Bilder der 4 Kinder jeweils auf Din A 4 kopieren
* Arbeitsblatt in Anzahl der Schüler kopieren
* Wortkarten: Frühling, Sommer, Herbst, Winter, Blumen, Klee, Trauben, Schnee kopieren

Einstieg:

Der Lehrer öffnet das Fenster.

L: Wir machen heute eine Reise durch das Jahr. Stell dich dazu hinter deinen Stuhl.

Vorbereitende Atem- und Lockerungsübungen:

Wichtig bei den Atemübungen: beim Atmen nicht Schultern anheben!

L: Es ist Frühling. Wir riechen Tulpen und Schneeglöckchen.

Der Lehrer atmet durch Mund und Nase ein, ohne dabei die Schultern zu heben.

Sch: machen mehrmals nach

L: Es ist Sommer. Jetzt gehen wir zum Tauchen. Wir holen zuerst tief Luft und schwimmen los.

Der Lehrer atmet hörbar durch den Mund und ein und aus und macht Schwimmbewegungen dazu.

Sch: machen mehrmals nach

L: Es ist Herbst. Der Wind bläst.

Der Lehrer atmet ein und bläst auf den Buchstaben „f" möglichst lange aus.

Sch: machen mehrmals nach

L: Nun ist es Winter. Wir machen eine Schneeballschlacht.

Der Lehrer wirft gestisch Schneebälle.

Sch: machen nach

L: Unsere Hände sind ganz kalt geworden. Wir blasen und reiben sie warm.

Der Lehrer bläst in die reibenden Hände.

Sch: machen nach

Texterarbeitung:

Der Lehrer heftet die Bilder der vier Kinder an die Tafel.

Sch: Das sind vier Kinder. Sie stellen die vier Jahreszeiten dar.

Der Lehrer heftet die Wortkarten der Jahreszeiten ungeordnet an die Tafel.

Sch: ordnen die Wortkarten zum entsprechenden Bild

Der Lehrer heftet die Wortkarten Blumen, Klee, Trauben, Schnee ungeordnet an die Seitentafel.

Sch: ordnen die Wortkarten zum entsprechenden Bild

Erarbeitung von Melodie und Rhythmus:

Der Lehrer singt das Lied vor und deutet auf die Wortkarten Frühling, Sommer, Herbst, Winter.

Sch: hören zu

Der Lehrer singt zeilenweise vor.

Sch: singen nach

Ausgestaltung:

Radiospiel:

L: Du bist jetzt ein Radio und singst unser Lied. Aber ich drehe manchmal an der Lautstärke. Dreh ich das Radio lauter (Lehrer legt seine Handflächen aufeinander und öffnet diese langsam und immer weiter), dann singst du lauter. Drehe ich das Radio wieder leiser (Lehrer bewegt seine Handflächen wieder aufeinander zu), dann singst du wieder leiser.

Mehrmaliges Singen des Liedes in wechselnden Lautstärken, die der Lehrer durch seine Handzeichen vorgibt.

Gruppensingen:

Der Lehrer teilt die Klasse in vier Gruppen ein. Jede Gruppe stellt eine Jahreszeit dar. Nun wird das Lied gemeinsam gesungen. In der 2. Strophe singt jede Gruppe ihren Teil.

Sicherung:

Schüler malen das Arbeitsblatt aus, entweder passend zum Lied oder sie finden andere typische Merkmale der Jahreszeiten.

Weiterführung:

* eine Jahreszeit verklanglichen: gemeinsam nach typischen Geräuschen suchen und diese mit Instrumenten, Dingen, Körperinstrumenten, Stimme nachahmen; auch als Ratespiel möglich
* Vivaldi „Die vier Jahreszeiten“: vgl. mit den selbstproduzierten Geräuschen; Darstellung von typischen jahreszeitlichen Merkmalen mit Musik

FÄCHER ÜBERGREIFENDER UNTERRICHT

Heimat- und Sachunterricht:

Die Jahreszeiten

Deutsch / Schreiben:

Arbeitsblatt „Kennst du die Jahreszeiten?“ (beiliegend)

Kunst:

Gestalten eines Jahreszeitenspiels, z.B. Memory: Jedes Kind malt auf ein Kärtchen ein typisches jahreszeitliches Bild und schreibt auf ein anderes die entsprechende Jahreszeit. Im Plenum werden die Bilder erraten. Dann kann gespielt werden.

Frühling

Sommer

Herbst

Winter

Blumen

Klee

Trauben

Schnee

Es war eine Mutter

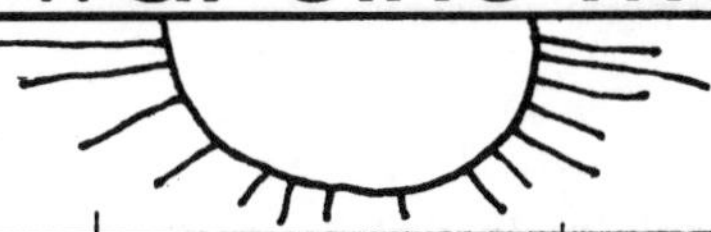

Frühling	Sommer
Herbst	**Winter**

Kennst du die Jahreszeiten?

Welche Jahreszeiten sind das? Schreibe sie richtig auf!

g n i l h ü r F   r e t n i W   t s b r e H   r e m m o S

Was passt zu welcher Jahreszeit? Schreibe die richtige Jahreszeit dazu!

1.  Drachen steigen lassen

2. 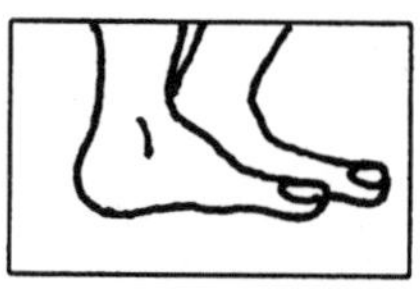 barfuß laufen

3.  Ostereier suchen

4.  Schneemann bauen

5.  bunte Blätter sammeln

6. 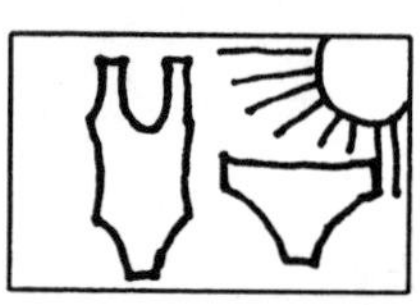 ins Freibad gehen

7. 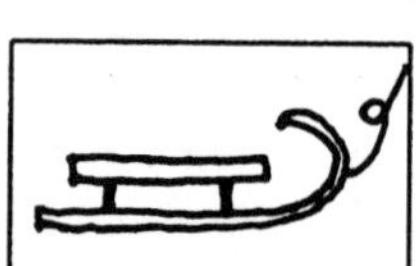 Schlitten fahren

8. 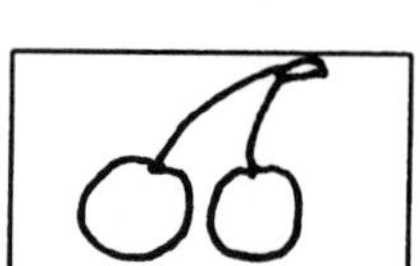 Kirschen essen

Suche dir eine Jahreszeit aus! Schreibe auf deinen Block, was du da am liebsten machst!

Seht doch nur, da liegt die Katze

1. UZE

Vorbemerkung:

* Bild 1: Mauseloch mit zwei Mäusen kopieren
* Bild 2: schlafende Katze kopieren
* Sprechblase kopieren

Einstieg:

Lehrer zeigt Bild 1: Mauseloch mit 2 Mäusen, die neugierig aus dem Loch schauen und Gedankenblase mit Käse

Sch: vermuten

L: Du hast Recht, die Mäuse schauen raus und wollen auf Käseklau gehen

Vorbereitende Übungen:

Die Schüler stehen hinter dem Stuhl.

L: Die Mäuse schnüffeln, ob es irgendwo nach Käse riecht (Der Lehrer holt stoßartig Luft durch die Nase).

Sch: machen nach

L: Noch riechen die Mäuse nichts, aber sie hören etwas schnarchen, erst leise: ch - pssssssss

Sch: schnarchen mit

L: Die Mäuse werden neugierig und wollen schauen, wer da schnarcht. Alle Mäuse kommen aus ihren Mäuselöchern, überall hört man ein leises: Tippe - Tappe, Tippe - Tappe

Sch: tippe - tappe, tippe - tappe

L: Als die Mäuse näher kommen, hören sie jetzt laut und deutlich jemanden schnarchen: ch - pssssssssss

Sch: schnarchen mit

L: Als die Mäuse im Wohnzimmer um die Ecke schauen, erkennen sie den Schnarcher.

Sch: vermuten

Der Lehrer hängt Bild 2 (schlafende Katze) an die Tafel

Sch: erkennen die schlafende Katze

L: Die Mäuse müssen schrecklich lachen: hihihihihihi / hohohohoho / hahahahaha

Sch: lachen mit

L: Die Mäuse bekommen Angst, dass die Katze vom Lärm erwacht und rufen sich zur Ruhe: pssssssssttttt

Sch: psssssssstttt

Text- und Rhythmuserarbeitung:

Der Lehrer hängt die Sprechblase mit der ersten Strophe an die Tafel.

L: Die Mäuse tuscheln untereinander.

Sch: ein Schüler liest den Text der 1. Strophe vor
alle Schüler lesen gemeinsam die 1. Strophe
sprechen die 1. Strophe leise, sprechen lachend, klatschen dazu

Melodieerarbeitung:

L: Die Mäuse tanzen nun um die Katze. Du darfst jetzt auch eine Maus sein. Tanze passend zur Melodie durch das Klassenzimmer.

Der Lehrer spielt die Melodie der ersten Strophe auf einem Melodieinstrument, z.B. Metallophon vor.

Sch: bewegen sich zur Melodie

L: Jetzt stampfen die Mäuse zur Melodie.

Sch: stampfen

L: Zwei Mäuse tanzen jetzt zu zweien einen kleinen Ringelreihen.

Sch: tanzen zu zweit Ringelreihen und setzen sich am Ende auf den Tisch

Der Lehrer singt die 1. Strophe mit Instrumentalbegleitung (z.B. Gitarre) ingesamt vor.

Sch: hören zu

Der Lehrer singt die 1. Strophe in zwei Teilen mit dem Metallophon vor, bis die 1. Strophe ganz entstanden ist.

Sch: singen den jeweils vorgesungenen Teil nach bzw. mit
singen die 1. Strophe auf „la"

L: Die Mäuse fassen sich an den Händen und singen wie aus einem Munde:
„Und dann gehn wir im Kreis, um die Katze still und leis,
und dann gehn wir im Kreis, um die Katze still und leis."

Der Lehrer singt den Refrain in zwei Teilen vor und begleitet mit dem Metallophon.

Sch: singen 1. Strophe und Refrain gemeinsam

Abschluss:

Bewegungsspiel: Ein Kind (Katze) liegt in der Mitte, die anderen Kinder (Mäuse) stehen im Kreis um die Katze und fassen sich an den Händen. Gemeinsames Singen der 1. Strophe und des Refrains. Dann wacht die Katze auf und versucht eine Maus zu fangen. Die gefangene Maus spielt als nächstes die Katze.

Seht doch nur,
da liegt die Katze,
streckt im Schlafe ihre Tatze,
wackelt mit den Krallen gar,
wir sind mutig, das ist klar!

2. UZE

Vorbemerkung:

* Arbeitsblatt in Anzahl der Schüler kopieren

* Blatt mit dem Liedtext entsprechend der Schülerzahl kopieren (1 Kopiervorlage ist für 2 Schüler)

Anknüpfung:

Der Lehrer zeigt das Bild der schlafenden Katze aus der letzten Stunde.

Gemeinsames Singen der 1. Strophe und des Refrains

L: Die Mäuse tanzen weiter und werden ziemlich frech:

Der Lehrer singt die Strophen 2 - 4 vor.

Sch: äußern sich

L: Was die Mäuse nun tun, habe ich dir schon auf ein Blatt gemalt. Finde mit deinem Partner den richtigen Text dazu und klebe ihn zum passenden Bild.

Sch: erhalten das Arbeitsblatt und arbeiten in Partnerarbeit

Kontrolle über Folie: Zusammensetzen des Liedes

Gemeinsames Singen des Liedes

Gruppenweises Singen des Liedes (pro Gruppe eine Strophe)

Möglichkeiten der Ausgestaltung:

Die Schüler stehen in Paaren hintereinander im Kreis und schauen in die Kreismitte, wo eine schlafende Katze (Kind) liegt. A steht vor B mit gekrätschten Beinen und stützt die Hände so auf die Hüften, dass zwei Gucklöcher für B entstehen. B steht gebückt, leicht gegrätscht hinter A und stützt seine Hände auf die Knie.

In Vers 1 auf die Worte „seht", „liegt", „streckt" und „ihre" insgesamt vier Mal durch die Gucklöcher schauen. Auf „wackelt" unter den gegrätschten Beinen von A durchkriechen und Position von A einnehmen. Die Katze bewegt sich wie beschrieben. Anschließend mit vertauschten Rollen wiederholen.

In Vers 2 stützen alle die Hände auf die Hüften und drehen sich am Ort. Ein zuvor vereinbartes Kind springt über die Katze und läuft wieder an seinen Platz. In der Wiederholung springt das zweite, zuvor vereinbarte Kind.

In Vers 3 drehen sich die Paare zu zweit am Ort und wechseln in der Wiederholung die Richtung.

In Vers 4 spielen drei zuvor vereinbarte Kinder genau wie beschrieben und laufen wieder an ihren Platz zurück. Zuletzt drohen sich alle Mäuse mit erhobenem Zeigefinger („gebt nur acht").

Während des Refrains geht der Kreis an den Händen gefasst um die Katze herum. Nach dem letzten Refrain reißen alle aus, wenn die Katze erwacht. Der Gefangene wird die nächste Katze.

FÄCHER ÜBERGREIFENDER UNTERRICHT

Kunst:

Mäusemasken herstellen (z.B. für Geräuscheraten, für Buchstabenanalyse: „Wo hörst du...?")

Drucken von Mäusen (siehe beiliegende Stunde)

Schulleben:

Tanzaufführung

Seht doch nur, da liegt die Katze

Refrain: Und dann geh'n wir im Kreis um die Katze still und leis. (2x)

Refrain: Und dann geh'n wir im Kreis um die Katze still und leis. (2x)

Refrain: Und dann geh'n wir im Kreis um die Katze still und leis. (2x)

Refrain: Und dann geh'n wir im Kreis um die Katze still und leis. (2x)

Arbeitsblatt 2: Text (für zwei Schüler)

Seht doch nur, da liegt die Katze,
streckt im Schlafe ihre Tatze,
wackelt mit den Füßen gar,
wir sind mutig, das ist klar.

(wiederholen)

Alle dreh´n sich auf der Stelle,
nicht zu langsam, nicht zu schnelle,
eine springt mit einem Satze
über diese Krallenkatze!

(wiederholen)

Mäuse tanzen jetzt zu zweien
einen kleinen Ringelreihen,
einmal hin und einmal her,
rundherum, das ist nicht schwer.

(wiederholen)

Eins der Mäuse zieht die Katze
an der Krallenkatzentatze,
und ein zweites zwickt ganz roh
in den Krallenkatzenpo,
und das dritte zieht beim Tanze
an dem Krallenkatzenschwanze!
Mäuslein, gebt nur alle Acht,
dass die Katze nicht erwacht!

Seht doch nur, da liegt die Katze,
streckt im Schlafe ihre Tatze,
wackelt mit den Füßen gar,
wir sind mutig, das ist klar.

(wiederholen)

Alle dreh´n sich auf der Stelle,
nicht zu langsam, nicht zu schnelle,
eine springt mit einem Satze
über diese Krallenkatze!

(wiederholen)

Mäuse tanzen jetzt zu zweien
einen kleinen Ringelreihen,
einmal hin und einmal her,
rundherum, das ist nicht schwer.

(wiederholen)

Eins der Mäuse zieht die Katze
an der Krallenkatzentatze,
und ein zweites zwickt ganz roh
in den Krallenkatzenpo,
und das dritte zieht beim Tanze
an dem Krallenkatzenschwanze!
Mäuslein, gebt nur alle Acht,
dass die Katze nicht erwacht!

Kunst:

Wir drucken die Mäusefamilie

Vorbereitung:

* Für diese Stunde wird weiße Fingerfarbe benötigt, die der Lehrer evtl. für die (Gruppen-)Tische in Schälchen vorbereitet hat.
* Die Schüler drucken auf buntes Tonpapier DIN-A4.
* Für die Explorationsphase benötigen sie zusätzlich ein kleineres Format.
* An jedem (Gruppen-)Tisch liegen Lappen zum Abwischen der Finger bereit.
* Die Schüler benötigen dünne schwarze Filzstifte zum Zeichnen der Gestaltmerkmale.

Einstieg:

Lehrer-Erzählung:

Die gesamte Mäusefamilie kam schließlich aus dem Mauseloch, um die schnarchende Katze zu bestaunen. Es waren sehr viele Mäuse.

Zielangabe:

L: Du darfst heute ein Künstler sein und die ganze Mäusefamilie gestalten. Wie viele Mäuse brauchst du dazu?

Sch: erkennen, dass sehr viele Mäuse notwendig sind

Gestaltungsversuche:

L: Du bekommst heute Fingerfarbe von mir. Probiere aus, wie du mit Fingerfarbe möglichst schnell gut erkennbare Mäuse auf dein Papier bekommst.

Die Schüler probieren auf dem kleinen Explorationspapier verschiedene Möglichkeiten aus, die Mäuse mit ihren Fingern zu drucken.

Reflexion:

Lehrer heftet einige Schülerarbeiten an die Tafel. Halbsitzkreis vor der Tafel.

L: Erzähle mir, wie du schnell gut erkennbare Mäuse auf das Papier gebracht hast!

Sch: zählen Möglichkeiten auf: Drucken mit den Fingern, mit dem Daumen

L: Einige Mäuse sind besser erkennbar als andere.

Sch: zählen auf, worauf zu achten ist:

- länglicher Körper
- kräftiger Druck
- nicht verwischen
- trocknen lassen

L: Wir können nicht die ganze Maus drucken.

Sch: Wir können nur den Körper drucken. Die anderen Körperteile müssen gezeichnet werden:

- Schnauze
- Tasthaare
- Augen
- Ohren
- Füße
- Schwanz

L: Schließe noch einmal kurz deine Augen und stell dir genau deine Mäusefamile vor.

Gestaltung:

Die Schüler gestalten ihre Mäusefamilie an ihrem Platz.

Lehrer sucht prägnante Bilder aus und heftet diese an die Tafel.

Reflexion:

Halbsitzkreis vor der Tafel

L: Es gibt besonders gelungene Mäuse.

Sch: nennen Bilder, bei denen vorher erarbeitete Kriterien beachtet wurden

Beispiel für eine Schülerarbeit:

Ach Kasperl, lieber Kasperl mein

(nach der Melodie: Laurentia, liebe Laurentia mein)

Vorbereitung:

* den telefonierenden und den traurigen Seppl sowie den telefonierenden Kasperl kopieren
* Sprechblasen 1 und 2 kopieren
* selbst Sprechblasen herstellen für die Wochentage (Am Montag, Am Dienstag, ...)

Einstieg:

Der Lehrer hängt Seppl und Kasperl an die Tafel (TA 1)

Sch: Seppl und Kasperl telefonieren

L: Ja, Seppl und Kasperl telefonieren am Sonntag.

Text- und Rythmuserarbeitung:

Der Lehrer heftet zu Seppl Sprechblase 1 an die Tafel (TA 2).

Sch: lesen vor und erklären, was damit gemeint ist: Der Seppl fragt, wann Kasperl wieder Zeit hat, um sich zu treffen

L: Seppl möchte Kasperl bald wieder sehen. Er fleht Kasperl an: „Ach Kasperl...“

Der Lehrer spricht den Text rhythmisch vor.

Sch: sprechen im Rhythmus nach

L: Der Kasperl weiß noch nicht wann. Er hat heute keine Zeit. Da fleht ihn Seppl noch mehr an: „Ach Kasperl, lieber Kasperl mein...“

Sch: sprechen flehentlich

Der Lehrer heftet die Sprechblase „Am Montag“ zum Kasperl an die Tafel (TA 3) und spricht rhythmisch vor.

Sch: sprechen nach

Der Lehrer hängt den traurigen Seppl an die Tafel (TA 4)

Sch: äußern sich: dauert noch so lange!

L: Seppl denkt sehnsüchtig: „Ach wenn es doch schon wieder Montag wär, und ich bei meinem Kasperl wär, beim Kasperl wär.“

Der Lehrer spricht den Text rhythmisch vor und hängt Sprechblase 2 an die Tafel (TA5)

Sch: sprechen nach

L: Der Räuber Hotzenplotz hört den Seppl durchs offene Fenster jammern und äfft Seppl nach.

Der Lehrer und Schüler sprechen den Text (Sprechblase 2) nochmals und machen wie Räuber Hotzenplotz den Seppl nach.

Erarbeitung der Melodie:

L: Am Montag ruft der Kasperl beim Seppl an. „Ich kann heute leider doch nicht. Ich hab schon was vor. Ich muss unbedingt zum Bäcker und alle Torten anschlecken“. Du kannst dir vorstellen, dass der Seppl ganz traurig ist und stellt ihm wieder die Frage:

Sch: lesen Seppls Frage vor: „Ach Kasperl, lieber Kasperl mein…“

L: Aus lauter Verzweiflung singt Seppl seine Frage vor: „Ach Kasperl, lieber Kasperl mein…“

Sch: singen nach

Wiederholtes Singen. Korrektur durch den Lehrer.

L: Der Kasperl will Seppl trösten und verspricht am nächsten Tag vorbeizukommen.

Sch: nennen Dienstag

Der Lehrer hängt die Sprechblase „Am Dienstag“ dazu (TA 3) und singt vor.

Sch: singen nach

L: Der Seppl ist enttäuscht. Jetzt muss er noch länger warten. Er überlegt, wie lange das noch dauert und zählt auf: „Montag, Dienstag“.

Der Lehrer singt: „Ach wenn es doch schon wieder Montag, Dienstag wär…“

Der Lehrer zeigt dabei auf die Sprechblase (TA 5) und schreibt den Dienstag dazu.

Sch: singen nach

L: Da klingelt schon wieder bei Seppl das Telefon. Du kannst dir vorstellen, wer jetzt anruft.

Sch: Kasperl hat schon wieder keine Zeit, will am Mittwoch kommen

Der Lehrer oder die Schüler vervollständigen das Tafelbild, indem sie den Mittwoch dazuschreiben (TA 3).

Gemeinsames Singen des Liedes.

L: Das Telefon bleibt bei Seppl nicht still. Kasperl ruft alle 5 Minuten an und sagt ab.

Sch: vermuten den weiteren Verlauf: Kasperl will am Donnerstag, dann am Freitag, Samstag, Sonntag kommen.

Lehrer und Schüler ergänzen das Tafelbild mit den Sprechblasen der restlichen Wochentage (TA 3).

Sicherung:

Lehrer und Schüler singen das gesamte Lied.

Gestaltung des Liedes:

* bei „Wochentagen“ in die Knie gehen
* bei „Kasperl“ aufstampfen
* bei „Wochentagen“ patschen
* bei „Kasperl“ klatschen usw.

FÄCHER ÜBERGREIFENDER UNTERRICHT

Heimat- und Sachunterricht:

Wochentage

Deutsch / Schreiben:

Kasperl vertröstet Seppl die ganze Woche. Was tut Seppl? Wie geht die Geschichte weiter?

Ach Kasperl,
lieber Kasperl mein,
wann werden wir wieder
beisammen sein?

TAFELBILD

Ach, wenn es doch schon wieder Montag ... wär‘ und ich bei meinem Kasperl wär‘, beim Kasperl wär‘!

Ach Kasperl, lieber Kasperl mein

(Melodie wie: „Laurentia, liebe Laurentia mein")

Ach Kas - perl, lie - ber Kas - perl mein, wann -
Ach wenn es doch schon wie - der Mon - tag wär´, und

wer-den wir wie-der bei - sam-men sein? Am Mon - tag!
ich bei mei- nem Kas - perl wär´, beim Kas-perl wär´!

2. Ach Kasperl, lieber Kasperl mein, wann werden wir wieder beisammen sein?
Am Dienstag!
Ach, wenn es doch schon wieder Montag, Dienstag wär´ und ich bei meinem Kasperl wär´, beim Kasperl wär´!

3. ...... Am Mittwoch!............Montag, Dienstag, Mittwoch......! usw.

In der Schule

Vorbereitung:

* Bild mit Schulanfängern kopieren
* Arbeitsblatt 1 in Anzahl der Schüler kopieren
* Arbeitsblatt 2 in Anzahl der Schüler kopieren (1 Arbeitsblatt reicht für 6 Schüler)
* Bilder mit Tätigkeiten und Uhrzeiten kopieren
* Wortkarten mit Wochentagen schreiben

Einstieg mit Rhythmusübungen:

Die Schüler stehen hinter dem Stuhl.

Echospiel:

Der Lehrer hat Instrumente zur Hand, mit denen er einen Rhythmus vorgibt. So viele Schüler wie möglich haben ebenfalls Instrumente (Trommel, Klangstäbe usw.) und spielen den Rhythmus nach. Die anderen Kinder, die kein Instrument haben, klatschen, patschen, klopfen usw. Die Instrumente werden getauscht.

Dirigentenspiel:

Der Lehrer klatscht Ausschnitte aus dem Lied rhythmisch vor, die die Schüler nachklatschen sollen. Der Lehrer hört nicht auf zu klatschen. Wenn alle Schüler den richtigen Klatschrhythmus haben, ändert der Lehrer ohne Ankündigung den Rhythmus.

Erarbeitung des Textes:

Der Lehrer zeigt Bild mit Schulanfängern.

Sch: äußern sich: die Kinder kommen in die Schule

L: Du hast richtig erkannt, dass diese Kinder gerade in die Schule gekommen sind. Gerade haben sie ihren Stundenplan bekommen. Sie können noch nicht lesen und schreiben. Damit die Kinder aber dennoch ihren Stundenplan kennen, hat sich die Lehrerin etwas ausgedacht. Sie lernt ihnen ihren Stundenplan als Lied.

Der Lehrer singt das Lied vor.

Sch: äußern sich, wiederholen

L: Hör genau hin, wann die Schüler was tun.

Der Lehrer singt das Lied nochmals vor.

Sch: hören genau zu

Der Lehrer hat an die Tafel die Bildkarten von Tätigkeiten, Uhrzeiten und Wochentagen ungeordnet angeheftet. (Auch als Partnerarbeit möglich; Bilder dann entsprechend verkleinern und häufiger kopieren.)

Sch: wiederholen die Tätigkeiten mit Wochentag und Uhrzeit
ordnen die Bilder richtig zu

Gegebenfalls singt Lehrer erneut das Lied vor.

Erarbeitung der Melodie:

L: Hör genau zu und zähle leise mit, wie oft die Uhrzeit 8 Uhr vorkommt.

Der Lehrer singt die erste Strophe vor.

Sch: hören zu, zählen mit (5 Mal)

L: Ich singe dir das Lied noch einmal vor. Immer wenn du die Uhrzeiten hörst, hebst du die Hand.

Sch: hören zu, heben ihre Hand

Lehrer und Schüler singen gemeinsam, bis die Schüler das Lied erfasst haben.

Ausgestaltung:

* Jeder Uhrzeit wird ein Instrument zugeordnet, also z.B. 8 = Becken, 9 = Triangel usw. Bei „8“ dürfen also nur die Becken schlagen, bei „9“ ertönen alle Triangeln usw.
* Alternativ können die Uhrzeiten auch mit Bewegung dargestellt werden.

Sicherung:

Die Schüler erhalten die beiden Arbeitsblätter (AB 1 und 2), schneiden die 5 Uhrzeiten aus (AB 2), ordnen sie der richtigen Strophe zu und kleben sie ein (AB 1).

FÄCHER ÜBERGREIFENDER UNTERRICHT

Heimat- und Sachunterricht:

* Die Uhrzeiten
* Was steht bei uns auf dem Stundenplan? Den eigenen Stundenplan gestalten und typische Bilder dazu malen lassen
* Das Lied auf Französisch singen und die französischen Wochentage dabei lernen.

  Übersetzung: „Montag Morgen sind der Kaiser, seine Frau und der kleine Prinz
  zu mir gekommen, um mir die „Flosse“ zu schütteln.
  Da ich weg war, hat der kleine Prinz gesagt:
  Wenn das so ist, kommen wir am Dienstag wieder.“
* Bewegunggsspiel zum Lied:

bei *l´empereur*	beide Arme weit übereinander ausbreiten, um die Größe des Kaisers zu demonstrieren
bei *femme*	Arme weiter zusammenführen
le p´tit prince	mit Daumen und Zeigefinger klein darstellen
sont venus chez moi	Kinder zeigen auf sich selbst
pour me serrer la pince	Kinder strecken die Hand zum Händeschütteln aus
mais comme j´étais parti	Kinder deuten mit rechter Hand weggehen an: Finger und Mittelfinger trippeln
le p´tit prince	mit Daumen und Zeigefinger klein darstellen
puisque c´est ainsi	Schultern anheben, um darzustellen, dass das nicht schlimm ist.

$$1+3=4$$

Mimi und Mia

Mimi ist eine Maus.

Mia ist

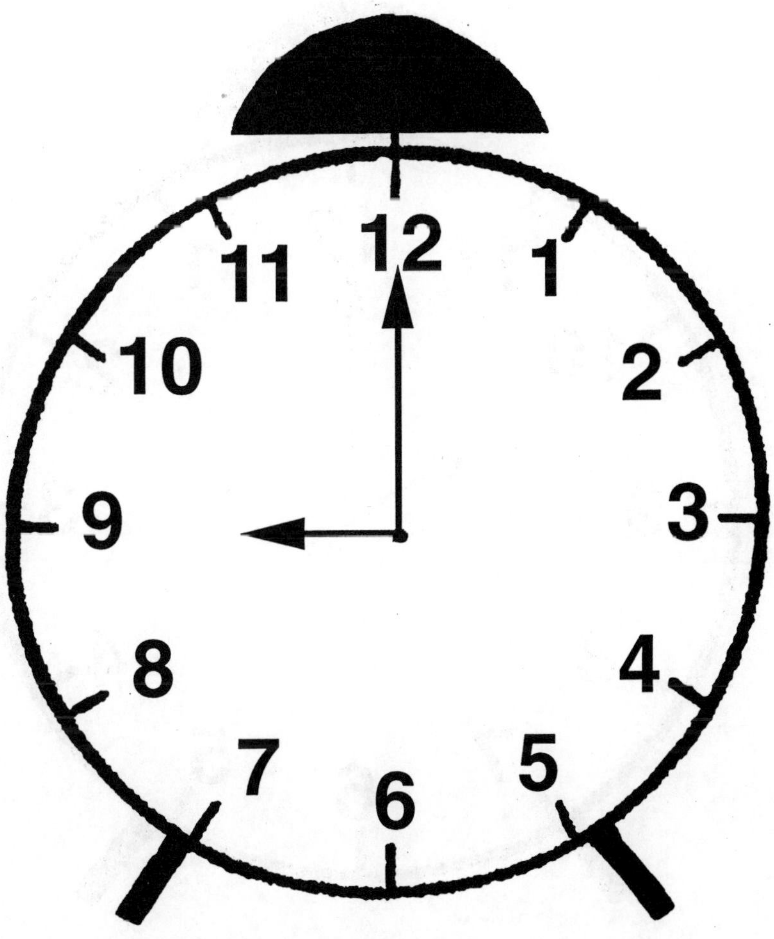

Mimi
und
Amo
Mia
und
Susi

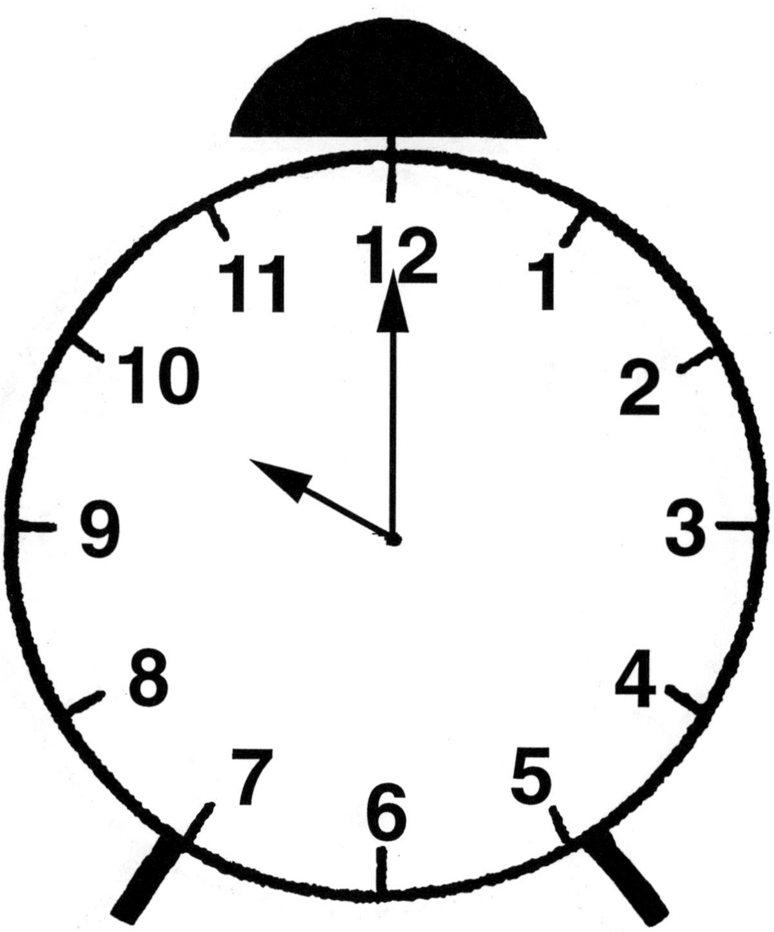
12
1
2
3
4
5
6
7
8
9
10
11

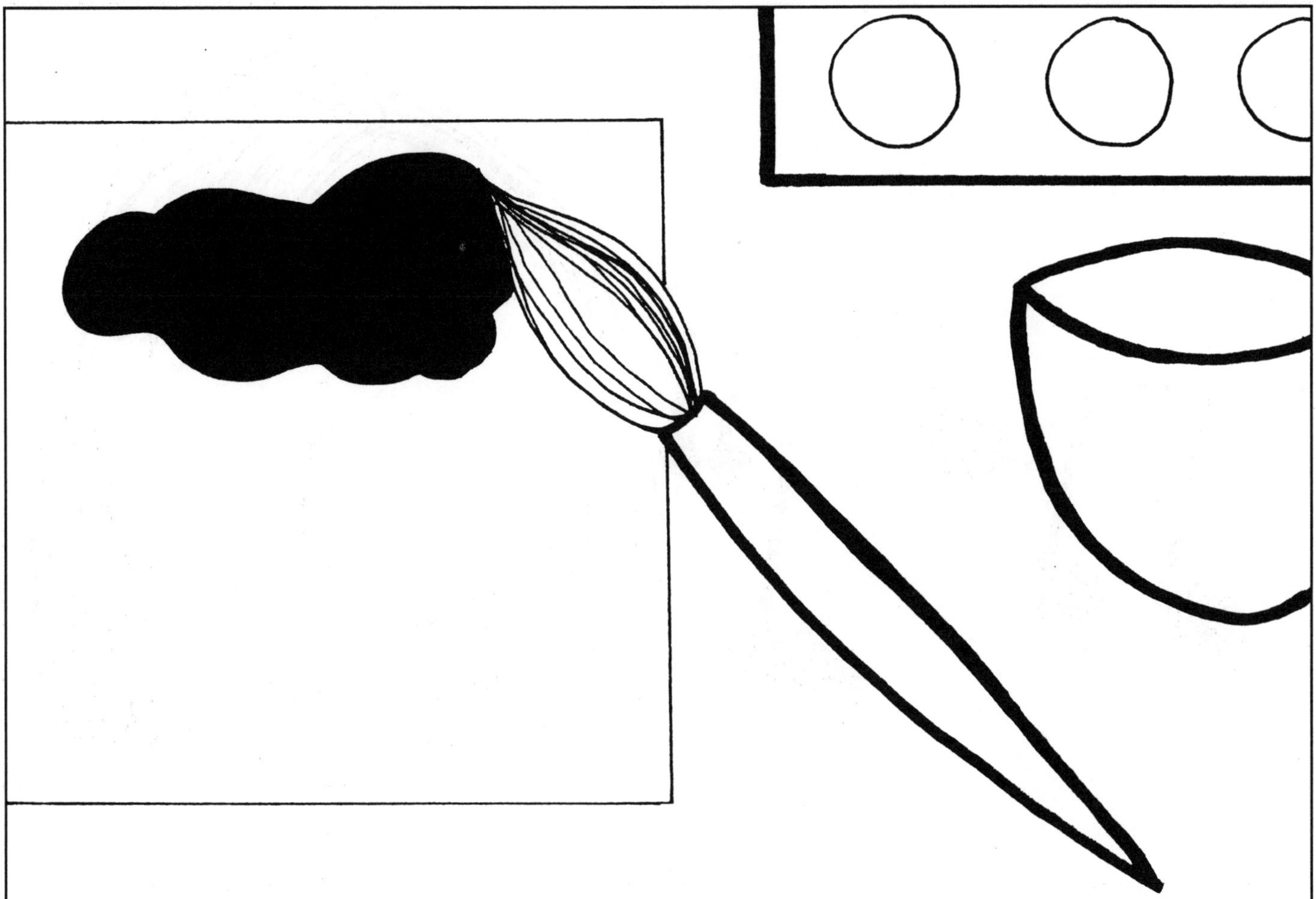

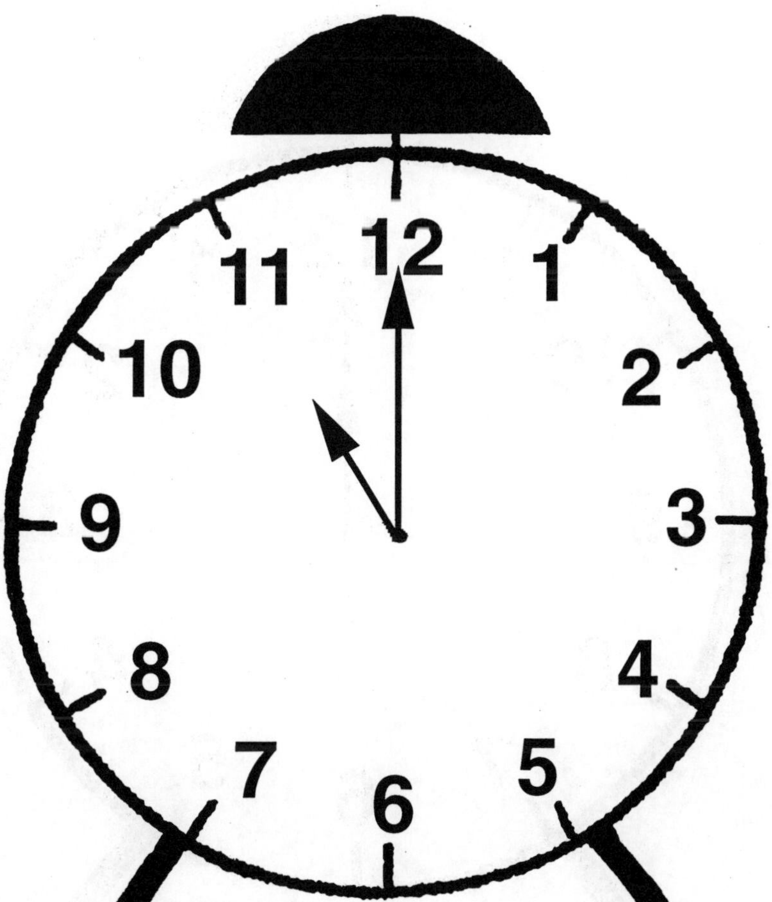
12
1
2
3
4
5
6
7
8
9
10
11

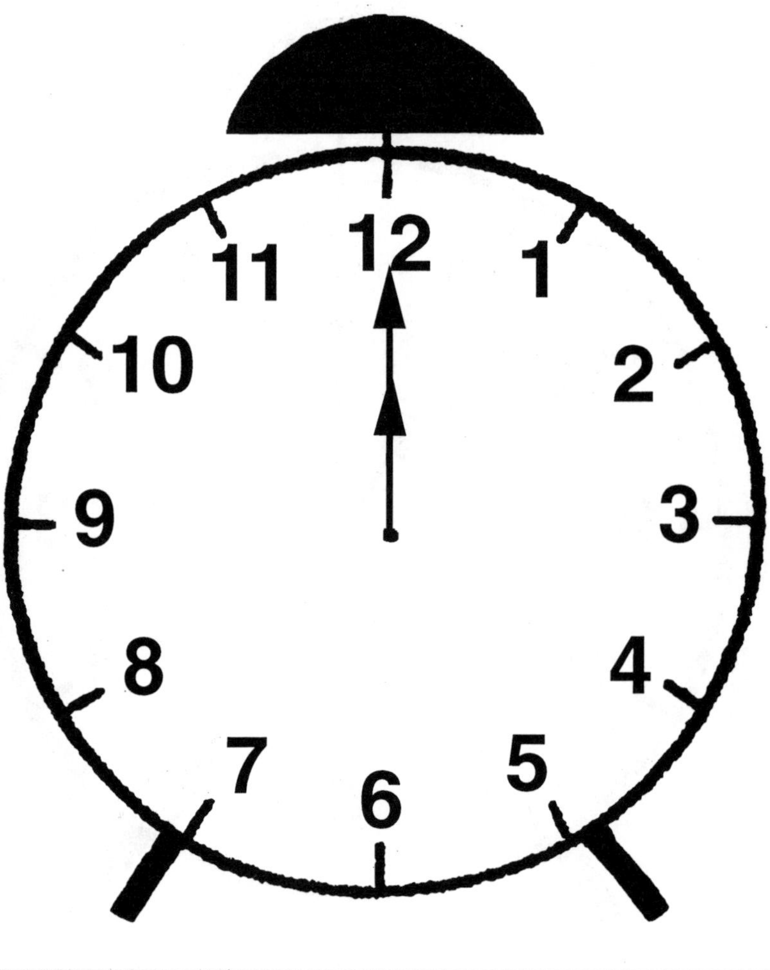
12
1
2
3
4
5
6
7
8
9
10
11

In der Schule

1. Montag um acht, um acht, um acht, da sind wir in der Schule.
   Dort rutschen wir um acht, um acht auf unserm Wackelstuhle.
   Rechnen sollen wir, acht und fünf und vier,
   auf ein armes Kritzelkratzelheftpapier.

2. Dienstag um neun, um neun, um neun, da sind wir in der Schule.
   Dort rutschen wir um neun, um neun auf unserm Wackelstuhle.
   Schreiben wir Diktat, weiß ich keinen Rat!
   Ach, was wird das heute für ein Wortsalat!

3. Mittwoch um zehn, ...
   Lesen wir zum Glück nicht dasselbe Stück
   Dreizehnmal von vorn nach hinten und zurück!

4. Donnerstag um elf, ...
   Malen wir ein Bild, Straße, Haus und Schild,
   und der Stift rast auf dem Blatt herum wie wild.

5. Freitag um zwölf, ...
   Strengt sich jeder an, singt so gut er kann,
   weiß er doch: Das Wochenende fängt heut an!

6. Samstag und Sonntag bleibe mir die Schule bloß gestohlen!
   Soll sie von mir aus gern und gleich und schnell der Kuckuck holen!
   Ist die Plackerei endlich nun vorbei,
   haben wir bis Montag dann zum Spielen frei!

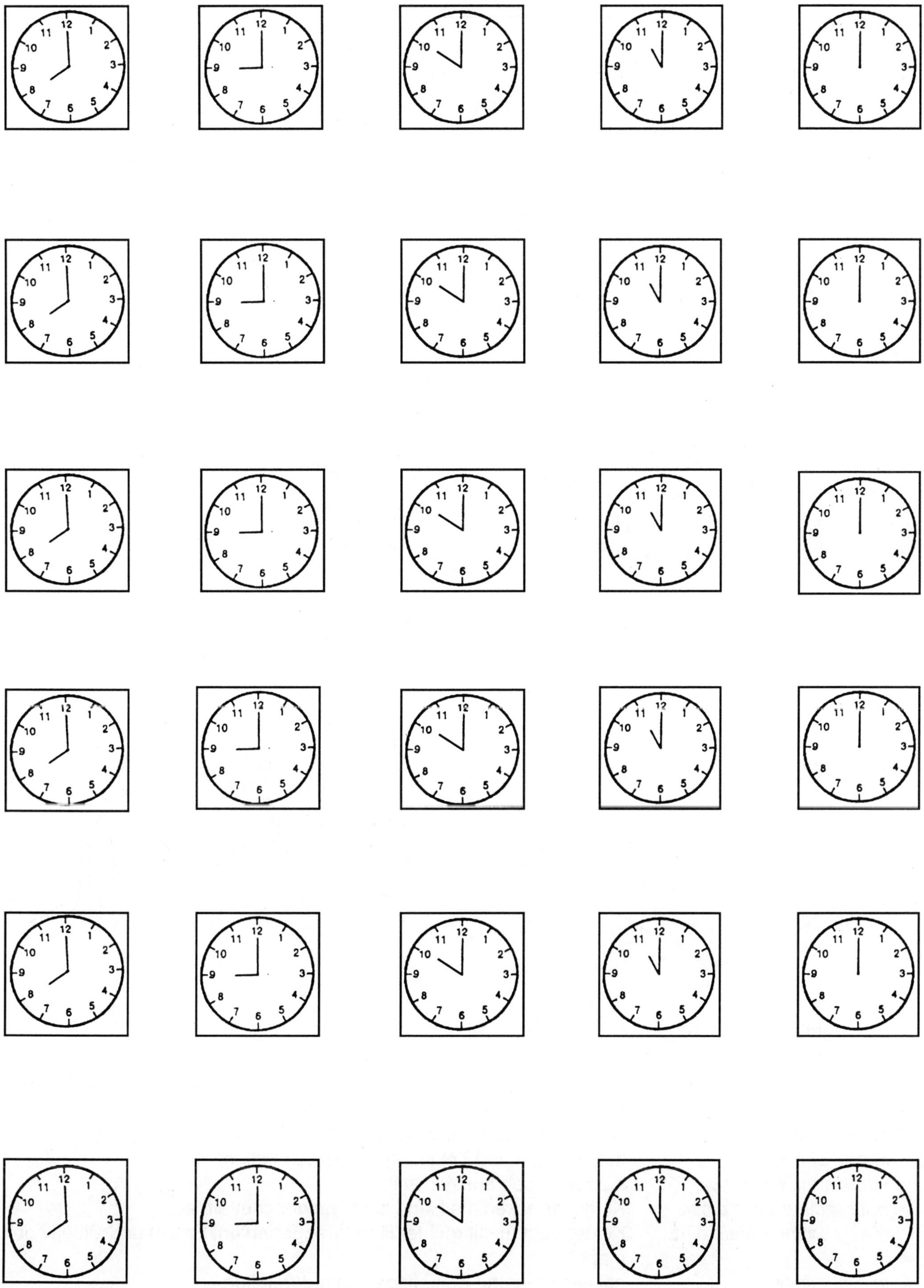

Le petit prince

Lundi matin l´empereur, sa femme et le p´tit prince
sont venus chez moi, pour me serrer la pince.
Comme j´étais parti, le p´tit prince a dit:
puisque c´est ainsi nous reviendrons mardi.

Montag Morgen sind der Kaiser, seine Frau und der kleine Prinz
zu mir gekommen, um mir die „Flosse“ zu schütteln.
Da ich weg war, hat der kleine Prinz gesagt:
„Wenn das so ist, kommen wir Dienstag wieder.“

Mardi matin ...	Dienstag Morgen ...
Mercredi matin ...	Mittwoch Morgen ...
Jeudi matin ...	Donnerstag Morgen ...
Vendredi matin ...	Freitag Morgen ...
Samedi matin ...	Samstag Morgen ...
Dimanche matin ...	Sonntag Morgen ...

Bewegunggsspiel zum Lied:

bei *l´empereur*	beide Arme weit übereinander ausbreiten, um die Größe des Kaisers zu demonstrieren
bei *femme*	Arme weiter zusammenführen
le p´tit prince	mit Daumen und Zeigefinger klein darstellen
sont venus chez moi	Kinder zeigen auf sich selbst
pour me serrer la pince	Kinder strecken die Hand zum Händeschütteln aus
mais comme j´étais parti	Kinder deuten mit rechter Hand weggehen an: Finger und Mittelfinger trippeln
le p´tit prince	mit Daumen und Zeigefinger klein darstellen
puisque c´est ainsi	Schultern anheben, um darzustellen, dass das nicht schlimm ist.

Der Frühling ist da

(nach der Melodie von: Ri-Ra-Rutsch)

Vorbereitung:

* Wortkarte: Frühling
* Folien für den Lehrer kopieren
* Arbeitsblätter in der Anzahl der Schüler kopieren

Einstimmung (Cluster):

Der Lehrer hängt die Wortkarte „Frühling“ an die Tafel oder er schreibt das Wort an die Tafel.

L: Dir fallen bestimmt viele Dinge ein, die zum Frühling passen.

Sch: äußern sich, z.B. Blumen, Wiesen usw.

Der Lehrer notiert Genanntes an die Tafel.

Sch: lesen mit

Vorbereitende Übungen:

Hinweis: alle folgenden Übungen werden mehrmals wiederholt •

Lehrer und Schüler stellen sich hin.

L: Du kennst dich mit dem Frühling schon gut aus und hast dich nach dem langen Winter schon nach ihm gesehnt. Die ersten Sonnenstrahlen wärmen dich.

Sch: streichen sich sanft über den Körper

L: Du streckst dich ihm begeistert entgegen.

Sch: strecken sich und stellen sich dabei auf Zehenspitzen

L: Du kannst auch hier und da schon ein paar Blumen entdecken. Vorsichtig näherst du dich ihnen und atmest ihren Duft ein.

Sch: atmen tief ein (Schultern dürfen sich nicht hochgezogen werden)

L: Sanft bläst du eine Blume an, damit sie im Wind hin und her schaukelt.

Sch: atmen tief ein und blasen auf „ffffff“ aus (Schultern dürfen sich nicht hochgezogen werden).

L: Fröhlich singst du eine Lied vor dich hin.

Der Lehrer singt vor auf: la, le, le, li, lo, lu

Sch: singen nach

L: Du freust sich, dass der Frühling da ist.

Sch: singen nach

Erarbeitung des Textes:

L: Ich habe ein Lied für dich. Darin kommt viel vor, was du schon über den Frühling gesagt hast. Vielleicht sind aber auch Dinge beschrieben, die du nicht genannt hast.

Der Lehrer singt das Lied mit dem Text vor (Strophen 1 - 4).

Sch: äußern sich

vergleichen den Text mit der Tafelanschrift

erkennen die bekannte Melodie nach Ri-Ra-Rutsch

evtl. wiederholtes Vorsingen

Erarbeitung der Melodie:

Der Lehrer legt die Folie mit dem Text der 1. Strophe auf.

Sch: lesen vor

L: Ich spiele dir noch einmal die Melodie vor. Höre genau zu! Immer zwei Zeilen sind gleich.

Sch: hören zu

beschreiben die Melodie... geht hinauf und hinunter

L: Wenn du glaubst, die höchste Stelle zu hören, hebst du deine Hand.

Der Lehrer singt.

Sch: hören zu und heben die Hand hoch

L: Immer zwei Zeilen sind gleich

Sch: 1./ 4. Zeile und 2./3. Zeile sind gleich

Der Lehrer verteilt Arbeitsblatt 1 und 2 an die Schüler.

L: Ich habe dir die Melodie aufgeschrieben. Schneide die Melodiestreifen von AB 2 aus und lege sie auf AB 1 zur passenden Textzeile. Besprich dich mit deinem Nachbarn.

Der Lehrer spielt die Melodie mehrmals vor.

Sch: schneiden aus und legen Melodiestreifen auf Arbeitsblatt 1

Kontrolle anhand der Folie

Sch: kleben die Melodiestreifen auf das Arbeitsblatt 1

Ausgestaltung:

Lehrer und Schüler singen gemeinsam die Strophen 1 bis 4. Jeweils die 1. und 4. Zeile können mit Körper- oder Orff-Instrumenten begleitet werden. Zeile 1 und 4 bzw. Zeile 2 und 3 können gruppenweise gesungen werden.

Weitere Strophen können gedichtet werden, z.B. Tra-Ri-Ran; Tra-Ri-Rei usw.)

FÄCHER ÜBERGREIFENDER UNTERRICHT

Deutsch / Schreiben:

* Frühlingswörter von der Tafel abschreiben
* Gestalten des Schreibblattes mit Frühlingsmustern, Frühlingsbildern usw.
* Was gefällt dir am Frühling? - „Ich mag den Frühling, weil...“
* Eine schöne Frühlingsgeschichte für unser Frühlingsbuch

Der Frühling ist da!

(Melodie nach: „Ri-ra-rutsch, wir fahren mit der Kutsch")

Tra - Ri - Re, der Frühling kommt juchhe!

Endlich bist du wieder hier,

sehnten uns schon lang nach dir.

Tra – Ri – Re, der Frühling kommt juchhe!

Tra – Ri - Ro, der Frühling macht uns froh!
Sonne kommt ins Land hinein,
macht uns warm mit ihrem Schein.
Tra – Ri – Ro, der Frühling macht uns froh!

Tra – Ri – Ra, der Frühling, der ist da!
Kommt mit Blumen in der Hand,
schenkt sie jedem hier im Land.
Tra – Ri – Ra, der Frühling, der ist da!

Tra – Ri – Ru, wir haben keine Ruh´!
Lasst uns jetzt zum Spielen raus,
toben uns dann richtig aus.
Tra – Ri – Ru, wir haben keine Ruh´!

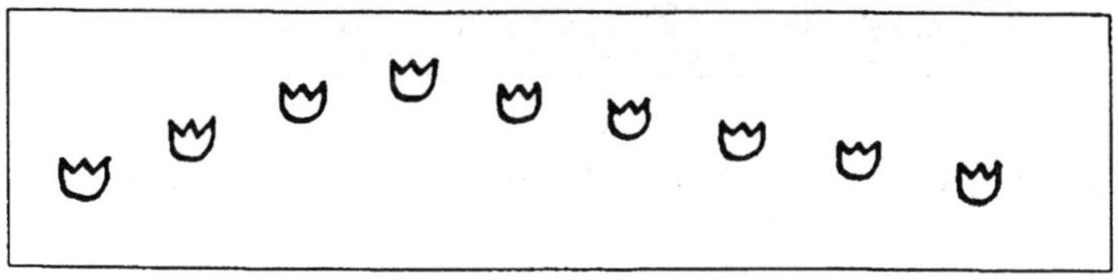

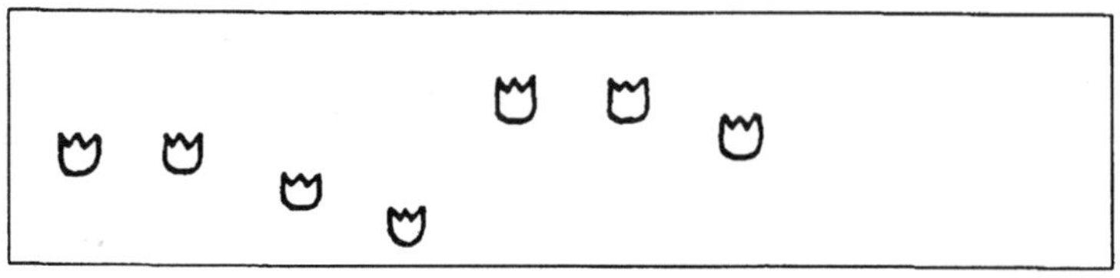

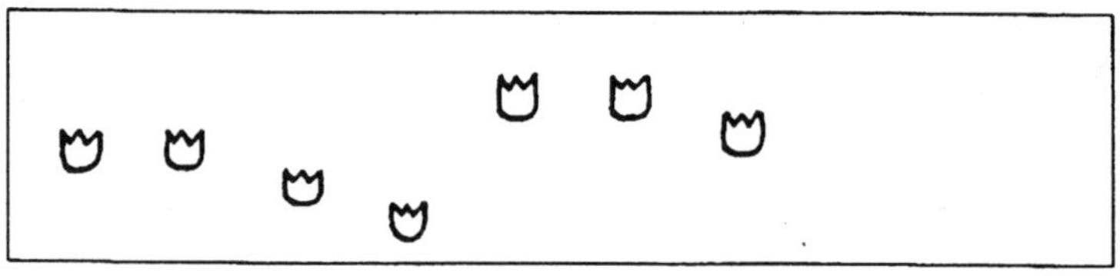

Melodie für den Lehrer:

Lied der Frösche

Vorbereitung:

* Folienbilder kopieren

* evtl. Arbeitsblatt für alle Schüler kopieren

Einstimmung/Fantasiereise:

Sitzkreis:

Heute machen wir eine Phantasiereise. Mach es dir ganz bequem. Schließe deine Augen und lege deinen Kopf auf die Arme. Lass alle Muskeln locker und entspanne dich. Wir gehen jetzt in Gedanken auf Reisen. Geh einfach mit. Du verlässt das Klassenzimmer, gehst die Treppe hinunter und öffnest die Schulhoftür. Du läufst die Straße entlang an vielen Häuser vorbei, bis du zu einer Wiese kommst. Ach, wie gut das hier riecht. Du atmest den Geruch von frischem Gras und duftenden Blumen ein. Überall blüht es. Du überquerst die Wiese und entdeckst einen kleinen Teich. Hier lässt du dich nieder. Wenn du genau hinhörst, erkennst du das fröhliche Vogelgezwitscher der kleinen Vögel, die aufgeregt durch die Luft flattern. Du hörst das Summen und Brummen der vielen Insekten, die sich durch das Wasser angezogen fühlen. Im Teich vergnügen sich ein paar kleine Fische, die nach Luft schnappen und mit dem Wasser spielen. Doch was ist das für ein Geräusch? Ach ja, es ist ein Frosch, der sich munter mit seinen Freunden zu unterhalten scheint. Sie geben ein fröhliches Quakkonzert. Es ist lustig anzusehen, wie die Frösche ins Wasser hüpfen. Du lauscht noch ein bisschen dem munteren Gequake und entspannst dich noch ein wenig. Doch langsam wird es Zeit, sich wieder auf den Weg zurück zur Schule zu machen. Du verabschiedest dich von dem Teich, gehst wieder über die Wiese bis zur Straße. Noch ein paar Schritte und da ist schon die Schule. Du steigst die Treppen hinauf und betrittst dein Klassenzimmer. Du setzt dich auf deinen Platz und öffnest die Augen. Jetzt darfst dich strecken und recken.

L: Du hast eine Menge erlebt.

Sch: erzählen

Erarbeitung des Rhythmus:

L: Du hast auch einem Konzert lauschen können.

Sch: erzählen: Frösche quakten

L: Du darfst jetzt auch ein Frosch sein.

Der Lehrer quakt auf die einzelnen Vokale verschiedene Rhythmusteile des Liedes, z. B. „die Fröschelein, die Fröschelein“ auf: „qua“, „quo“, „quu“, „qui“, „que“

Sch: quaken nach

Erarbeitung der Melodie (Strophen):

L: Heute werden die Frösche von einem richtigen Orchester begleitet. Hör dir das Froschlied an und klatsche dazu.

Der Lehrer spielt die Melodie der 1. Strophe z.B. auf Flöte vor.

Sch: klatschen dazu

Die Frösche sind so begeistert, dass sie um den Teich herum hüpfen. Hüpfe wie die Frösche richtig zum Lied mit.

Der Lehrer spielt die Melodie der 1. Strophe mehrmals vor.

Sch: hüpfen durch das Klassenzimmer

L: Kannst du beim Hüpfen auch quaken?

Sch: hüpfen und quaken durchs Klassenzimmer

L: Zum Abschluss hüpfen alle Frösche auf ihren Platz zurück und summen leise zum Lied.

Sch: summen leise an ihrem Platz

Der Lehrer singt das Lied zeilenweise vor und legt die Folienbilder als Gedächtnisstütze auf.

Sch: singen nach

Der Lehrer korrigiert gegebenenfalls.

Erarbeitung der Melodie (Refrain):

Der Lehrer singt den Refrain vor.

Sch: singen nach

Begleitung des „quak, quak"-Teiles mit Körperinstrumenten: klatschen, patschen, schnipsen, klopfen, stampfen usw.

Ausgestaltung:

Die Schüler singen und machen passende Bewegungen zu den einzelnen Strophen, z.B.:

* die Schüler hüpfen bei „um den See herum" um den Stuhl.
* die Schüler krabbeln bei „schlüpfen sie ins Moor" unter den Tisch.
* die Schüler fassen sich bei „hüpfen alle hin und her" an den Händen und hüpfen mit dem Partner im Kreis herum.
* die Schüler haken sich bei „Und scheint der Mond" unter und schunkeln mit ihrem Partner.

FÄCHER ÜBERGREIFENDER UNTERRICHT

Mathematik:

Wir hüpfen am Zahlenstrahl entlang

Deutsch:

* Einführung des Buchstaben Qu
* Lesen eines Fröschebuches, z.B. der Breitmaulfrosch von Keith Faulkner und Lambert Jonathan Lambert, Patmos Verlag, ISBN 3-491-38043-X

  Ein Breitmaulfrosch, der am liebsten Fliegen frisst, erkundigt sich auf einem Spaziergang bei anderen Tieren, was wohl ihre Leibspeise ist. Vom großen grünen Alligator erfährt er schließlich, dass dieser Breitmaulfrösche auf dem Speisezettel bevorzugt. Sein breites Maul einziehend schlägt er sich in die Flucht. Ein wunderschönes Bilderbuch mit Klappseiten zum Vorlesen.
* Zum Lesen oder Vorlesen: „Der einsame Frosch" (beiliegend)

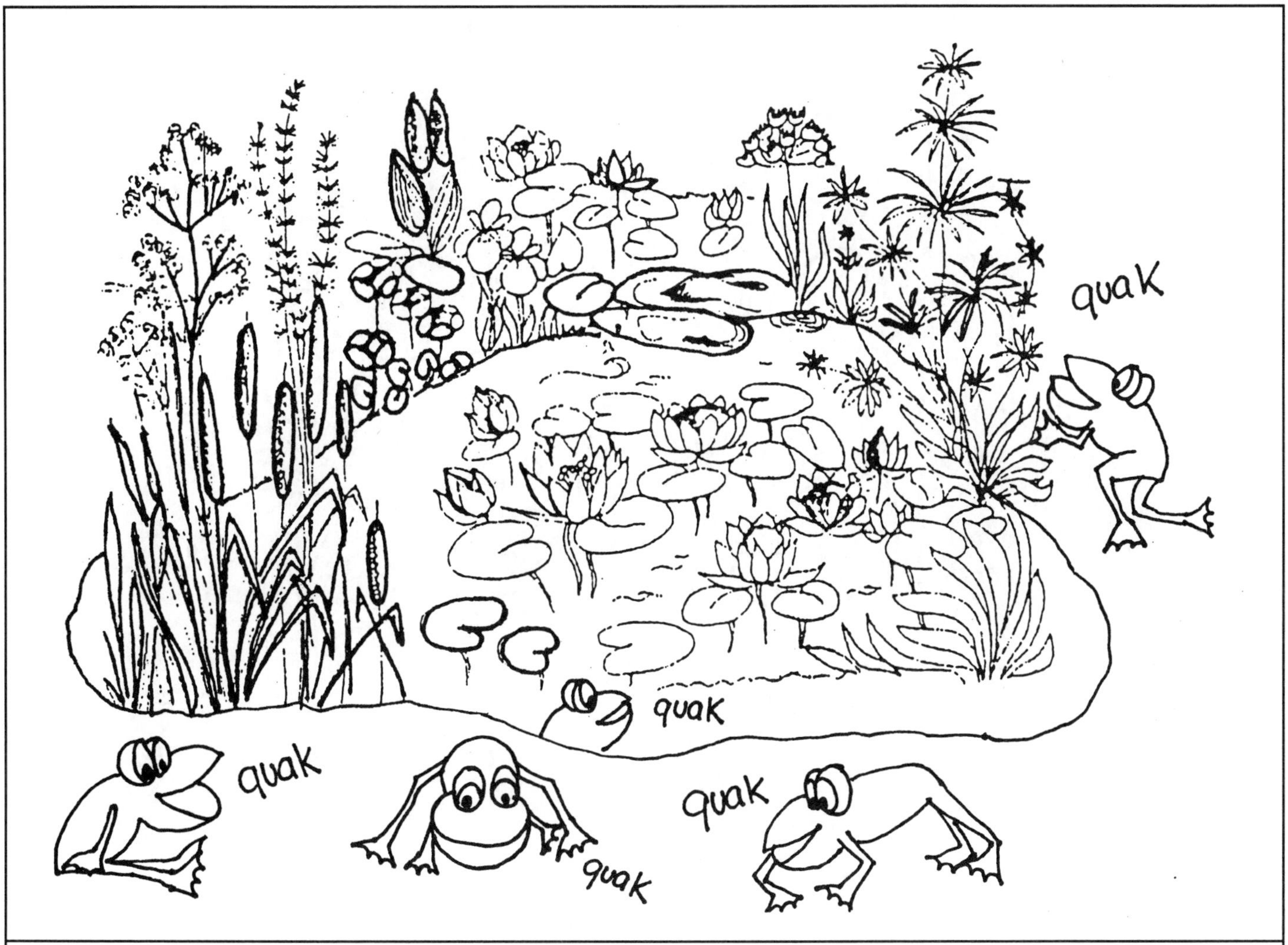
quak
quak
quak
quak
quak

Lied der Frösche

Und kommt der Storch, und kommt der Storch,
dann schlüpfen sie ins Moor
und ist er fort und ist er fort,
dann hüpfen sie hervor.
Lustig ist es......

Und regnet es, und regnet es,
dann macht das großen Spaß.
Sie hüpfen alle hin und her
und werden pitschenass.
Lustig ist es......

Und scheint der Mond, und scheint der Mond,
dann singen sie im Chor.
Und jeder quakt so laut er kann,
weit schallt es übers Moor.
Lustig ist es......

Kunst:

* Breitmaulfrösche als Handpuppen zum Buch herstellen (siehe Bastelanleitung „So bastelst du einen Breitmaulfrosch").
* einen Froschteich als Bühnenbild herstellen
* Frösche am Froschteich mit verschiedenen Grüntönen malen

Schulspiel:

Handpuppenspiel mit den Fröschen, die sich am Teich unterhalten. Gespielt werden kann ohne Bühne. Die Schüler sitzen um einen Teich herum, der durch eine Decke oder eine blaue Plastikplane dargestellt ist.

Noch besser ist es, eine Bühne mit einem Leinentuch herzustellen, das mit Hilfe eines Besenstils an zwei Kartenständern befestigt ist (Abb.1).

Abb. 1

Um das Lied zu gestalten, kann das mit dem Froschteich gestaltete Tuch mit Öffnungen (= unscheinbare Schlitze) versehen und an beiden Längsseiten umgenäht werden. In diese so entstandenen Laschen wird jeweils ein Holzstab (ca. 36mm) durchgeschoben. Auf der rechten und linken Seite halten die Kinder den Spielschirm. Alle Akteure stehen hinter dem Tuch. Wenn das Lied mit dem Refrain gestaltet wird, kann sich ein Vorsänger oberhalb des Spielschirms bewegen, während die anderen Klappmaulfiguren nur beim Kehrreim aus den Öffnungen herauskommen und agieren (Abb. 2).

(nach Gabriele Bräutigam PW 7/95)

Abb. 2

Sport:

Wir hüpfen wie die Frösche.

Wir danken Frau Gabriele Bräutigam für die Erlaubnis zur Veröffentlichung ihrer Ideen.

So bastelst du einen Breitmaulfrosch

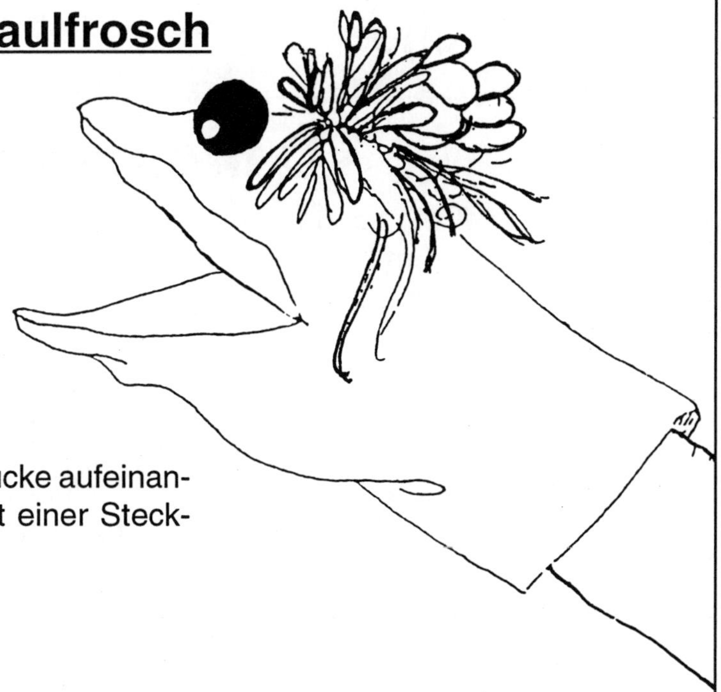

Das brauchst du dazu:

- 2 grüne Filzstücke (13 cm x 27 cm)
- 1 rotes Filzstück (13 cm x 22 cm)
- 2 Schablonen
- 1 schwarzen Filzstift
- Stecknadeln, Kleber und Schere
- Materialien für die Augen, die Haare und den Schmuck

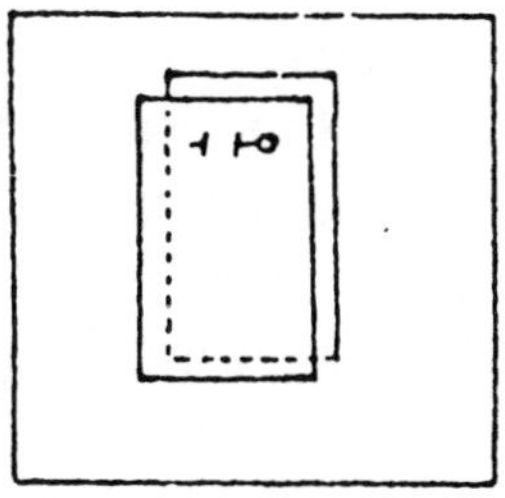

❶
Lege die beiden Filzstücke aufeinander und stecke sie mit einer Stecknadel zusammen.

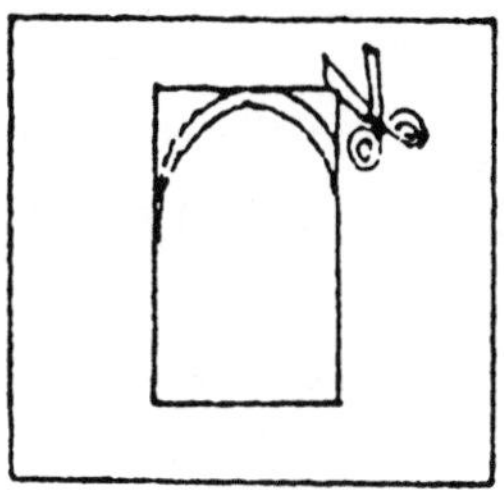

❷
Markiere mit einem schwarzen Filzstift und mithilfe der 1. Schablone die Rundung auf den grünen Filzstücken und schneide diese nach.

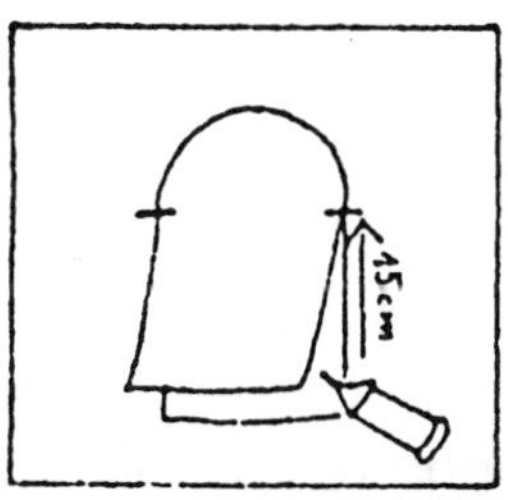

❸
Klebe beide Seiten am Rand entlang 15 Zentimeter zusammen.

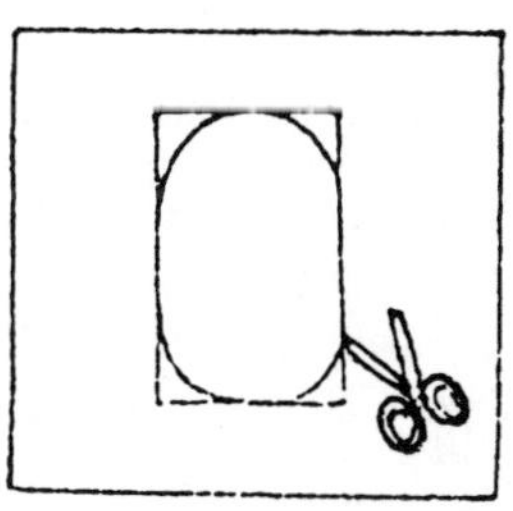

❹
Markiere nun mit einem schwarzen Filzstift und mithilfe der 2. Schablone die Schneidelinien auf dem roten Filzstift (Mundstück) und schneide das Mundstück für die Figur aus.

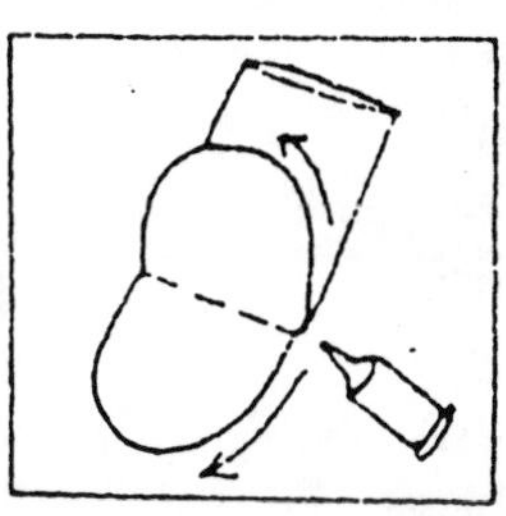

❺
Klebe jetzt das Mundstück zwischen beiden grünen Filzstücken ein. Das Bild zeigt dir, wie du es machen kannst.

❻
Klebe oder nähe zuletzt Augen und Haare auf. Vielleicht fällt dir noch etwas ein, womit du deinen Frosch schmücken kannst.

D Name:

Der einsame Frosch

Es war einmal ein schöner, grüner Frosch. Er wohnte im Schilf eines großen Weihers. Noch nie in seinem Leben hatte der Frosch einen anderen Frosch gesehen, denn er war noch nie aus dem Schilf herausgekommen. Der Frosch glaubte, dass die ganze Welt nur aus Schilf bestehe und dass er das einzige Lebewesen überhaupt sei. So war der schöne, grüne Frosch einsam, furchtbar einsam.
Eines Tages zog ein Gewitter über dem Weiher auf. Es war das erste Gewitter, das der Frosch erlebte. Es donnerte und blitzte ganz fürchterlich. Als der Frosch den Donner hörte, meinte er, dass er die Stimme eines anderen Wesens sei. Der Frosch war überglücklich. Doch plötzlich dachte er: „Wie soll er mich sehen können, hier unten im Dickicht?“ Da rief der Frosch: „Hier bin ich! Hier unten!“ Aber der Donner schwieg. „Warte!“, rief der Frosch. „Nicht fortgehen! Ich komme schon!“ Und er kletterte die Schilfhalme hoch, so schnell er konnte. In diesem Augenblick blitzte es und gleich darauf donnerte es so gewaltig, dass dem Frosch die Ohren sangen.
„Ich habe dich gesehen!“, quakte der Frosch fröhlich. „Du bist schön, ganz hell und groß, aber du musst nicht so brüllen, ich habe dich längst gehört! Siehst du mich? Ich möchte dein Freund sein!“
Plötzlich kam ein Sturm durch den Schilfswald, heftig und gewaltig, und riss den Frosch mit sich fort. Viele Meter wurde er durch die die Luft getragen, bis er schließlich ins Wasser fiel. Er schlug hart auf dem Wasser auf und verlor das Bewusstsein.
Allmählich ließen Blitz und Donner nach und es hörte auf zu regnen. Jetzt kamen die Fische und Frösche, die den Weiher bewohnten, aus ihren Schlammverstecken hervor. „Schaut, ein Frosch!“, rief einer von ihnen. „Er scheint verletzt zu sein, hoffentlich lebt er noch!“ „Ja, er lebt noch!“, stellte ein anderer Frosch fest. „Bringt ihn rasch zu den Algennestern!“, ordnete ein dritter Frosch an. Die Frösche nahmen den schönen, grünen Frosch in die Mitte und schwammen mit ihm zu einer nahen Bucht. Dort bauten sie ihm ein weiches Algennest.
Als der schöne, grüne Frosch nach einiger Zeit zu sich kam, standen alle Frösche des Weihers um sein Algenbett.
„Na, endlich!“ und „Gott sei Dank!“, riefen alle Frösche erleichtert.

Der einsame Frosch schaute mit kugelrunden Augen in die Runde. Er konnte es kaum glauben, was er da sah. Ihr seht ja aus wie ich!“, rief er schließlich. „Aber jaaa!“, entgegneten die Frösche. „Wir sind alle deine Freunde. Aber sag, was ist dir eigentlich passiert? Woher kommst du? Wir haben dich hier noch nie gesehen.“
Da erzählte ihnen der Frosch seine Geschichte und die Frösche des Weihers hörten betroffen zu.
Von diesem Tag an war der Frosch aus dem Schilfswald nie mehr einsam. Er blieb im Weiher und wurde mit seinen Freunden sehr alt.

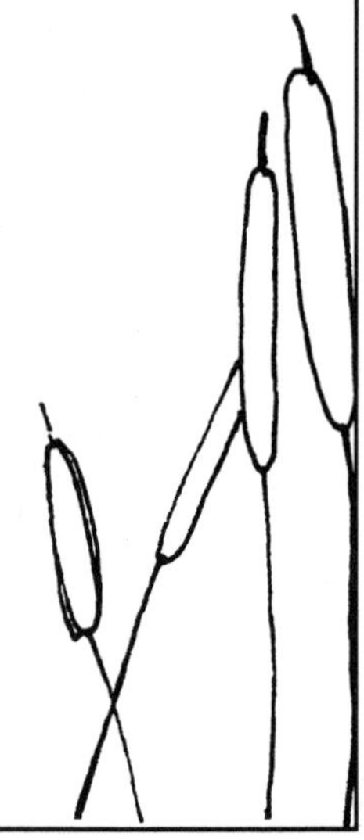

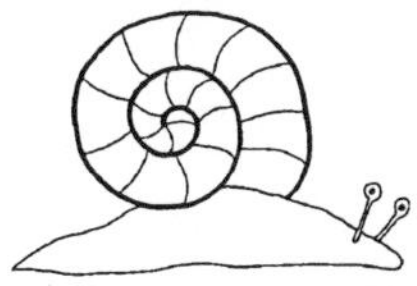

Die hilfsbereite Schnecke „Mira“

Klanggeschichte mit Bewegungen und Orffinstrumenten

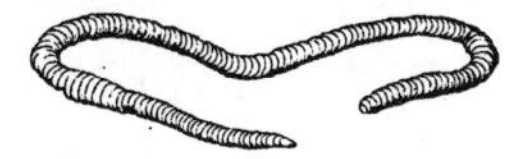

Vorbereitung:

* Bilder von den Tieren kopieren
* Instrumente (Becken, Stielkastagnetten, Schellen, Trommeln, Fingercymbeln, Handtrommeln) bereitlegen
* Geschichte zum Vorlesen

Hinführung:

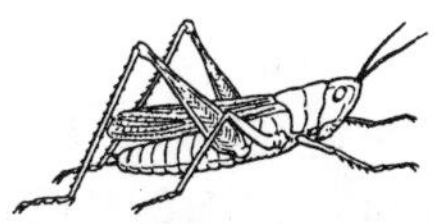

Halbsitzkreis vor der Tafel

Der Lehrer erzählt die Geschichte von der hilfsbereiten Schnecke „Mira“.

Sch: äußern sich

Der Lehrer legt Bilder der Tiere (Schnecke, Heuschrecke, Maulwurf, Biene, Regenwurm) ungeordnet auf den Boden.

Sch: erzählen nach und ordnen die Bilder in der richtigen Reihenfolge

Erarbeitung der Bewegungen:

Der Lehrer zeigt auf ein Tier.

L: Du weißt, wie sich das bewegt.

Sch: machen das Tier nach und erklären ihre Bewegung

Die Bewegungen der anderen Tiere werden analog von einzelnen Schülern vorgestellt und von der gesamten Klasse nachgemacht.

Der Lehrer liest die Geschichte vor und fügt Pausen an den passenden Stellen ein. Die Pausen sind durch (...) gekennzeichnet.

Sch: bewegen sich in den Pausen dem genannten Tier entsprechend

Erarbeitung der Verklanglichung:

Der Lehrer hat passende Instrumente (Schnecke = Becken gerieben, Heuschrecke = Stilkastagnetten, Bienen = Fingercymbeln, Maulwurf = Schellentrommel, Regenwurm = Handtrommel gerieben) vorbereitet und legt diese ungeordnet in den Sitzhalbkreis.

Sch: ordnen Instrumente den Tieren zu, spielen vor und begründen ihre Wahl

Ausgestaltung:

Der Lehrer teilt die Schüler in zwei Gruppen und liest die Geschichte wiederum mit entsprechenden Pausen vor.

Sch: die eine Gruppe bewegt sich den Tieren entsprechend, die andere Gruppe begleitet die Tiere mit den zugeordneten Instrumenten

Im Anschluss daran werden die Gruppen getauscht. Evtl. trägt ein guter Leser die Geschichte vor. Der Lehrer nimmt das Gesamtwerk auf Kassette auf.

Sch: äußern sich kritisch und verbessern sich gegebenenfalls.

Nach der Kritik erfolgt evtl. Neuaufnahme.

Die hilfsbereite Schnecke Mira

Die Schnecke „Mira“ lebte in einem kleinen Garten. (...)
Sie trug ein schönes, weißes Haus mit braunen Streifen auf ihrem Rücken. Es gefiel ihr gut im Gemüsebeet. Zum Frühstück knabberte sie am grünen Salat, zu Mittag gab es frischen Kohlrabi, und abends knabberte sie die Erdbeeren an.

Eines Abends traf sie auf ihrem Abendspaziergang eine Heuschrecke, die über die Wiese sprang. (...)
„Hallo Mira, spielst du mit mir Fangen?“, fragte die Heuschrecke. „Nein, ich kann nicht!“, sagte Mira. „Du hüpfst viel zu schnell, dich kann ich nie erwischen!“ „Tut mir Leid!“, antwortete die Heuschrecke und sprang über den größten Kohlrabi davon. (...)

Mira setzte gemächlich ihren Spaziergang fort. (...)

Da kroch ein Maulwurf aus der Erde. (...)
„Hallo Mira, hilfst du mir beim Graben?“, fragte er. „Ja gerne“, antwortete Mira, „aber ich kann nicht graben!“
Da schlüpfte der Maulwurf in sein Loch zurück. (...)

Langsam kroch Mira weiter. (...)

Mira hörte ein leises Brummen. Eine Biene flog zu einer Erdbeerblüte. (...)
„Hallo Mira!“, summte die Biene. „Hilfst du mir Honig sammeln?“ „Ja gerne, aber ich kann nicht fliegen!“, antwortete Mira. „Schade!“, summte die Biene und flog zur nächsten Blüte. (...)

Mira spazierte gemütlich weiter. (...)

Da sah Mira einen Regenwurm, der sich mühsam am trockenen Gartenweg fortbewegte. (...)
„Hallo Regenwurm, warte ein bisschen, ich bringe dich in Sicherheit!“, rief Mira und kroch, so schnell sie konnte, zum Regenwurm. (...)
„Folge meiner schleimigen Spur!“, rief Mira. „Die bringt dich ins feuchte Gras zurück!“

Nun krochen beide. Zuerst die Schnecke (...), dahinter der Regenwurm. (...)
Als sie im feuchten Gras angelangt waren, freute sich die Schnecke, weil sie helfen konnte. Zufrieden kuschelte sich Mira in ihrem Haus zusammen und schlief ein.

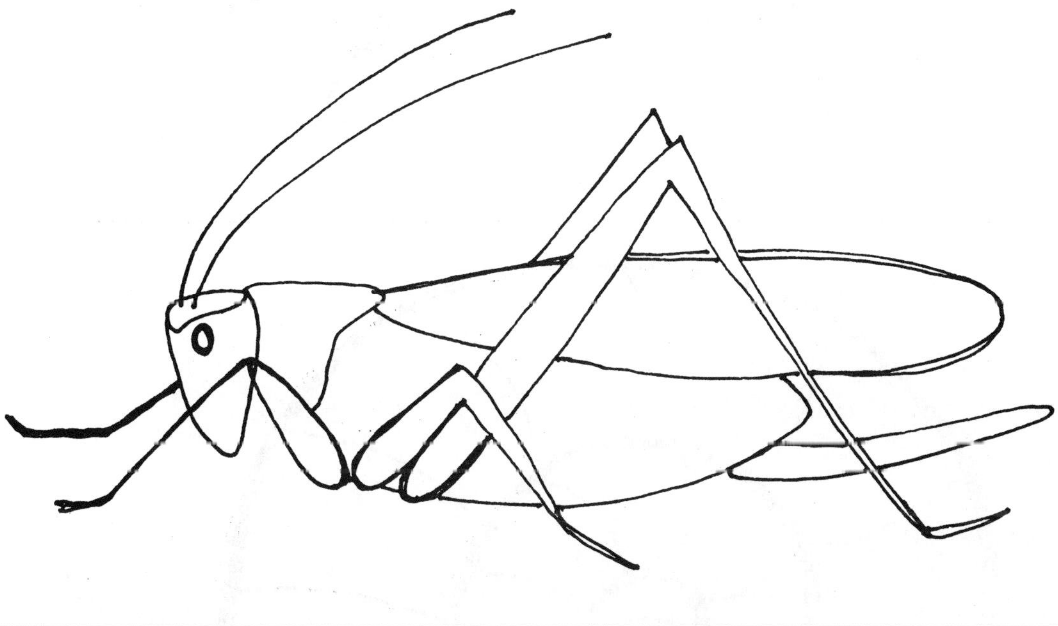

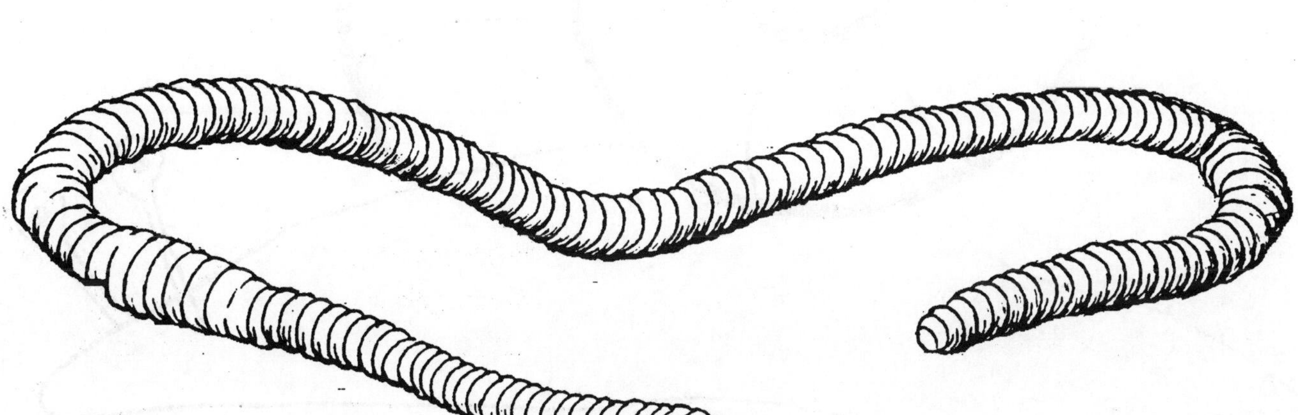

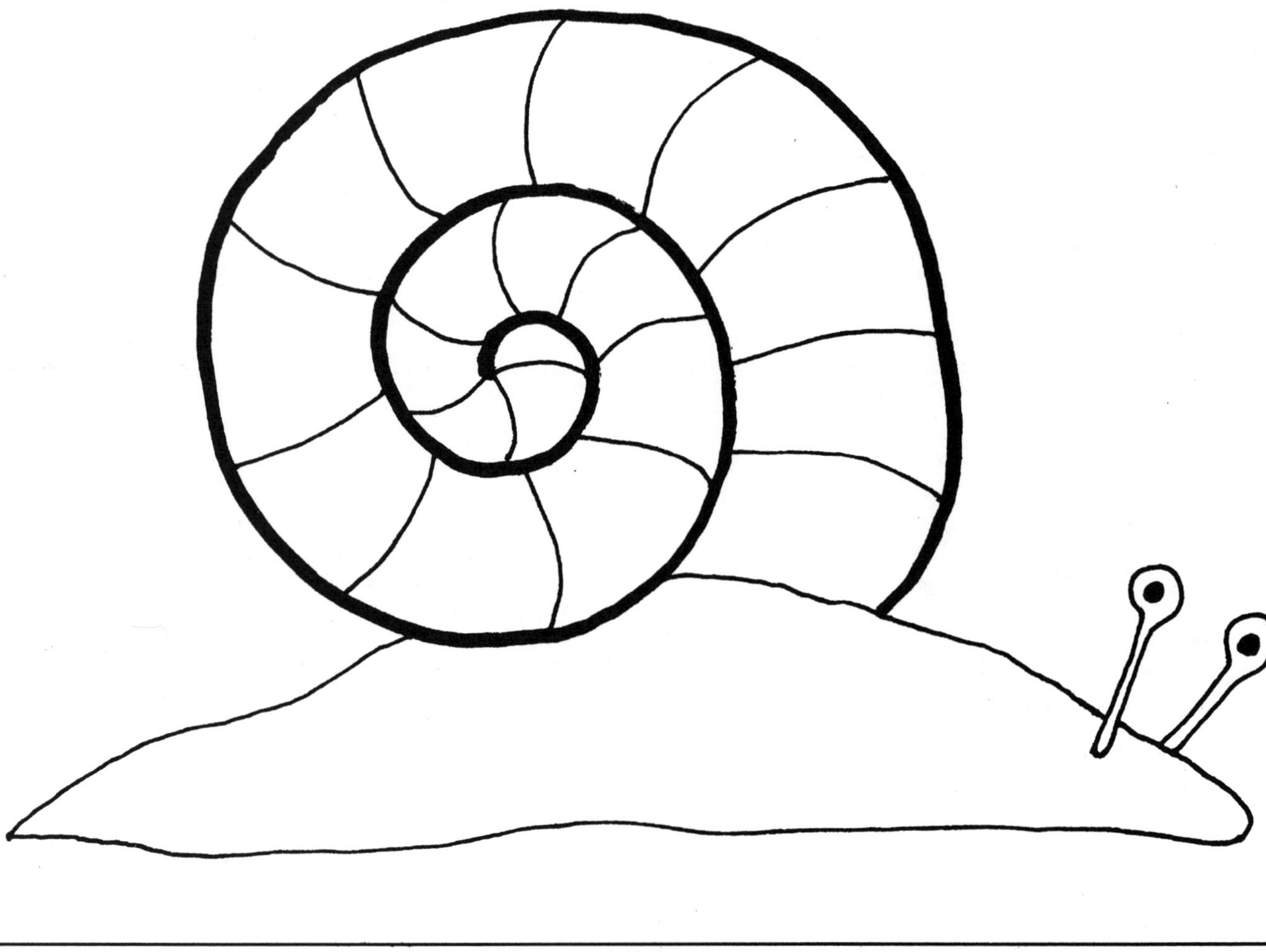

Keine Ruh für Vater Bär

Klanggeschichte mit Körperinstrumenten

Vorbereitung:

* Kassette mit Alltagsgeräuschen
* beiliegende Bilder zu den Geräuschen (Schnarchen usw.) kopieren
* Geschichte zum Vorlesen

Einstimmung:

Halbsitzkreis vor der Tafel

Der Lehrer spielt eine Kassette mit Alltagsgeräuschen (Staubsauger, Mixer, Türen zuschlagen, Toilettenspülung, Ball prellen usw.) vor.

Sch: raten

machen die Geräusche mit Stimme und Körperinstrumenten nach

Erarbeitung des Textes:

L: Ich lese dir eine Geschichte vor, in der Geräusche eine wichtige Rolle spielen.

Der Lehrer liest die Geschichte. Die in Klammern stehenden Geräusche sollen nicht vorgelesen werden. Sie dienen als mögliche Beispiele.

Sch: erzählen die Geschichte nach

benennen die Geräusche: schnarchen, Flugzeug spielen, Uhrticken, tropfender Wasserhahn, nächtliche Tierstimmen, Vogelgesang, Weckerrasseln

Der Lehrer legt beim Benennen der Geräusche die passenden Bilder auf den Boden.

Erarbeitung der Verklanglichung:

L: Überlege mit deinem Partner, wie du die Geräusche mit deiner Stimme und den Körperinstrumenten darstellen kannst.

Sch: überlegen

stellen ihre Ergebnisse vor

Ausgestaltung:

L: Du darfst jetzt an der passenden Stelle die Geräusche darstellen.

Der Lehrer liest die Geschichte mit entsprechenden Pausen vor (Geräusche nicht vorlesen).

Sch: stellen die Geräusche dar

Der Lehrer nimmt das Gesamtwerk auf Kassette auf.

Sch: äußern sich kritisch

Es schließt sich evtl. eine Neugestaltung mit kritischer Würdigung an:

z.B.: - Waren die Erzählpausen lange genug?
- Waren die Geräusche passend?
- War die klangliche Darstellung lange / kurz genug?

Möglichkeiten der Weiterführung:

1. Vater Bär begegnen noch andere Geräusche, die ihm am Schlafen hindern. Überlege dir, was das sein könnte.

   Sch: überlegen, z.B. Husten, Kühlschrank brummen, Boden knacken, Regentropfen, Sturm, Blitz, Betten knarren usw.

2. Die Körperinstrumente sowie die stimmliche Gestaltung kann durch eine Verklanglichung mit Orff-Instrumenten ersetzt werden.

Sch-chch
-HHH-

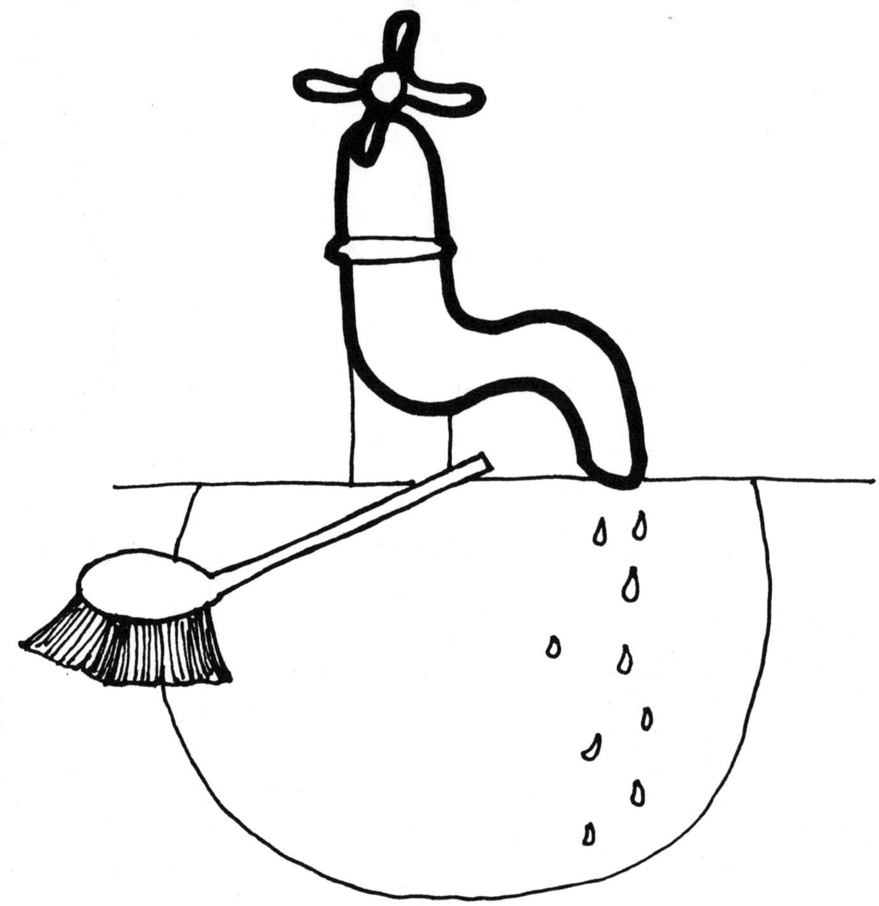

brrr
brr
brrr
brr
11
12
10
1
9
2
8
3
7
4
6
5

Keine Ruh für Vater Bär

Es war Schlafenszeit. Vater Bär, Mutter Bär und Bärenkind waren müde. Also gingen sie alle ins Bett.
Mutter Bär schlief sofort ein. Vater Bär konnte nicht einschlafen. Da fing Mutter Bär an zu schnarchen (CHRRR PFFFFF CHRRR PFFFFF).
„Oh nein!“, sagte Vater Bär. „Das halte ich nicht aus!“ Er stand auf und ging ins Kinderzimmer. Dort wollte er schlafen.

Das Bärenkind schlief auch noch nicht. Es lag im Bett und spielte Flugzeug (WIEE - AUU -UMM).
„Oh nein!“, sagte Vater Bär. „Das halte ich nicht aus!“ Er stand auf und ging ins Wohnzimmer. Dort wollte er schlafen.

Im Wohnzimmer tickte die Kuckucksuhr ganz laut (TICK TACK TICK TACK! KU-CKUCK!).
„Oh nein!“, dachte Vater Bär. „Das halte ich nicht aus!“ Er stand auf und ging in die Küche. Dort wollte er schlafen.

In der Küche tropfte der undichte Wasserhahn (TROPF TROPF TROPF).
„Oh nein!“, murmelte Vater Bär. „Das halte ich nicht aus!“ Er stand auf und ging in den Garten. Dort wollte er schlafen.

Tja, nicht zu glauben, was er da alles hörte. Eine Eule heulte (SCHUHU SCHUHU), zwei Katzen sangen auf der Mauer (MIAU MIAU) und ein Igel schnüffelte im Gras (SCHNÜFF SCHNÜFF).
„Oh nein!“, jammerte Vater Bär. „Das halte ich nicht aus!“ Er stand auf und ging zu seinem Auto. Dort wollte er endlich schlafen.

Es war kalt und ungemütlich im Auto, aber Vater Bär war so müde, dass er es gar nicht merkte. Die Augen fielen ihm zu. Er war schon fast eingeschlafen, da fingen die Vögel zu singen an (ZIWITT PIEP PIEP). Der neue Tag brach an.
„Oh nein!“, stöhnte Vater Bär. „Das halte ich nicht aus!“ Er stieg aus und ging ins Haus zurück.

Alles war still und friedlich. Das Bärenkind schlief fest und Mutter Bär hatte sich umgedreht und schnarchte nicht mehr. Vater Bär schlüpfte unter die Decke und seufzte tief.
„Endlich Ruhe im Haus!“, dachte er bei sich und schloss die Augen. Plötzlich schreckte er hoch. Der Wecker klingelte (BRRRRRR).
Zeit zum Aufstehen! Armer Vater Bär!

Geräusche hören und nachmachen

Vorbereitung:

* Geräuschbild auf Folie kopieren
* Kassette mit Alltagsgeräuschen bereitlegen

Einstimmung:

L: Setz dich bequem hin. Lege deinen Kopf auf die Bank und schließe deine Augen. Wenn du jetzt leise bist und genau hinhörst, kannst du viele Geräusche erkennen.

Sch: lauschen ca. 1 Minute den sie umgebenden Geräuschen

L: Du hast bestimmt einiges erkannt.

Sch: benennen Geräusche, z.B. Atem, Straßenverkehr, Räuspern, Knarren von Holzstühlen usw.

Erarbeitung:

Der Lehrer legt Folie mit Geräuschbild auf.

Sch: äußern sich

L. Obwohl du nur mit den Augen hingesehen hast, hast du doch eine Menge Geräusche gehört.

Sch: benennen Schallquellen, z.B. Autohupe, Fahrradklingel usw.

L: Du kannst diese Geräusche sicher mit deiner Stimme nachmachen! Probiere es mit deinem Partner aus.

Sch: erarbeiten mit dem Partner entsprechende Geräusche

Sicherung:

L: Stelle uns ein Geräusch aus dem Geräuschbild vor. Die anderen Kinder müssen es erraten.

Sch: ein Kind macht ein Geräusch vor, die anderen raten

Abschluss:

Der Lehrer spielt von der Kassette weitere Alltagsgeräusche ab, die die Schüler erraten.

Weiterführung:

Geräusche erfinden

Die Schüler erfinden eigene Geräusche mit ihrer Stimme, ihren Körperinstrumenten und / oder Orffinstrumenten. Die anderen raten.

oder:

Die Geräusche der Schüler werden auf Kassette aufgenommen. Jeder malt zu seinem Geräusch ein entsprechendes Geräuschbild auf ein Kärtchen. Die Kärtchen werden gemischt und verteilt. Die Geräusche werden abgespielt. Die Schüler halten die richtigen Geräuschbildkarten hoch.

Klassengeräusche

Die Schüler haben die Augen geschlossen. Der Lehrer spielt ein Geräuschbeispiel mehrfach vor, z.B. Stuhlrücken, Fenster öffnen, mit dem Stift auf den Tisch klopfen u.ä. Wer das Geräusch erkannt hat, steht leise auf. Wenn alle Schüler stehen, wird das Geräusch benannt und alle (oder einzelne) Schüler dürfen es nachmachen.

Wichtig: Schlusszeichen vereinbaren.

„Geräusche-Rätsel-Lied“ (beiliegend)

unterrichtliche Möglichkeiten siehe folgende Seiten

Geräusche – Rätsel – Lied

Geräusche - Rätsel - Lied

Dieses Lied kann bei verschiedenen Themen eingesetzt werden. Es wird immer so gesungen:

Refrain: Komm, wir spiel´n ein Spiel, man braucht dazu nicht viel.
Nur ein paar gute Ohren, die sind dir angeboren.
Dieses kleine Spiel, das hat nur ein Ziel,
Geräusche zu erkennen und richtig zu benennen.
Und wer´s nicht erkennt, der pennt!

(Geräuschevorspiel)

Strophe: je nach vorher gespieltem Geräusch

Beispiele für den Einsatz des Liedes:

- HSU / Verkehrserziehung:

(Geräusche eines Autos)
Ein Auto, ein Auto,
ein Auto kommt daher.
Ich hab´es am Geräusch
erkannt, das ist doch gar
nicht schwer!

(Fahrradklingel)
Ein Fahrrad, ein Fahrrad,
ein Fahrrad kommt daher.
Ich hab´es am Geräusch
erkannt, das ist doch gar
nicht schwer!

(Martinshorn)
Die Polizei, die Polizei,
vielleicht die Feuerwehr
oder gar ein Krankenwagen,
diesmal ist es schwer!

- Musik / Musik hören / Instrumente:

(Trommel)
Die Trommel, die Trommel,
die Trommel kommt daher.
Ich hab´sie am Geräusch
erkannt, das ist doch gar
nicht schwer!

(Rassel)
Die Rassel, die Rassel,
die Rassel kommt daher.
Ich hab´sie am Geräusch
erkannt, das ist doch gar
nicht schwer!

(Becken)
Das Becken, das Becken,
das Becken kommt daher.
Ich hab´es am Geräusch
erkannt, das ist doch gar
nicht schwer!

- HSU / Sinnesleistungen / Alltagsgeräusche:

(Klingel)
Die Klingel, die Klingel,
die Klingel kommt daher.
Ich hab´sie am Geräusch...

(Wasser tropft)
Der Wasserhahn, der Wasser-
hahn, der tropft den ganzen
Tag. Ich hab´ ihn am ...

(Hammer)
Der Hammer, der Hammer,
der Hammer kommt daher,
Ich hab´ihn am Geräusch...

- Musik / Spiele mit der Stimme / Tiergeräusche (s. oben!)

Weitere Strophen zu verschiedenen Themen können vom Lehrer vorgegeben oder gemeinsam mit den Schülern erfunden werden. Der Fantasie sind keine Grenzen gesetzt!

❶ Hörspiele

① „Geräusche-Memory“

So stellt man es her:
Immer in zwei Filmdöschen (erhält man kostenlos in jedem Fotogeschäft) kommt jeweils der gleiche Inhalt, z. B. Erbsen, Büroklammern, Sand, Nägel, Sesam usw. Beide Döschen werden auf ihrer Unterseite mit dem gleichen, farbigen Klebepunkt versehen.

Gespielt wird nach den bekannten Regeln des Memoryspiels. Die Döschen werden auf dem Tisch hingestellt. Eine bestimmte Ordnung beim Hinstellen erleichtert das Spiel!
Der beginnende Schüler nimmt sich ein Döschen und schüttelt es. Dann nimmt er ein zweites Döschen und schüttelt es ebenfalls. Haben beide Döschen den gleichen Klang, kontrolliert er an der Unterseite die Farbpunkte und darf die Döschen behalten. Er darf solange weitermachen, bis er zwei Döschen mit unterschiedlichem Klang erwischt.
Handelt es sich nicht um den gleichen Klang, stellt er beide Döschen zurück an ihre Stelle. Der nächste kommt dran. Sieger ist, wer am Schluss die meisten Döschen besitzt.
Das Spiel lässt sich in der Klasse, in der Gruppe, mit dem Partner und auch alleine spielen.

② „Geräusche-Kim-Spiel“

Materialbedarf:
Verschiedene Alltagsgegenstände, mit denen man Geräusche erzeugen kann

Der Lehrer breitet verschiedene Gegenstände vor den Schülern aus. Diese dürfen die Gegenstände ca. 30-60 Sekunden still betrachten. Dann müssen die Schüler ihren Kopf auf die Bank legen bzw. die Augen zuhalten. Der Lehrer dreht sich um und erzeugt mit einem Gegenstand ein Geräusch. Die Schüler müssen nun raten, mit welchem Gegenstand der Klang hergestellt wurde.

③ „Schlüsselkönig“

Die Schüler sitzen im Kreis. Ein Stuhl steht in der Mitte. Unter diesem Stuhl liegt ein Schlüssel. Ein Kind setzt sich auf den Stuhl und der Lehrer verbindet ihm die Augen. Nun wechseln alle anderen Kinder geräuschlos ihre Plätze. Ein Kind wird (mit Fingerzeig) bestimmt. Es soll nun versuchen, den Schlüssel unter dem Stuhl möglichst geräuschlos zu entfernen. Hört das auf dem Stuhl sitzende Kind etwas, dann muss es in die entsprechende Richtung zeigen. Hat es nicht richtig gehört, darf ein anderes Kind versuchen, den Schlüssel an sich zu nehmen. Hat das Kind den „Schlüsselklauer“ richtig bemerkt, ist er das nächste Kind auf dem Stuhl.

④ Der „heimliche“ Dirigent

Materialbedarf:
Verschiedene Orff-Instrumente oder Körperinstrumente

Die Kinder sitzen im Kreis. Ein Kind muss vor die Tür. Die Kreiskinder bestimmen einen Dirigenten. Dieser spielt auf seinem Instrument verschiedene Rhythmen. Alle anderen Kinder spielen möglichst schnell alles nach. Zwischen dem Wechsel der Rhythmen darf möglichst keine Pause entstehen. Das Kind vor der Tür kommt nun herein und muss raten, wer die anderen Kinder dirigiert. Dann wird gewechselt.

⑤ Spiele mit Trommeln

Materialbedarf:
Handtrommeln oder selbstgebastelte Trommeln

Die Schüler entwickeln gemeinsam in Partner- oder Gruppenarbeit zu vorbereiteten Geräuschbildkärtchen (z.B. galoppierendes Pferd, Regenschauer, Donner und Blitz, tropfender Wasserhahn, Schlittschuhläufer ...) die passenden Geräusche auf der Handtrommel. Die Geräusche werden im Plenum vorgetragen und von den anderen Schülern erraten und auch kritisch gewürdigt.

Variante: „Geräuschdiktat"

Eine Schülergruppe spielt verschiedene Geräusche hintereinander vor. Die anderen Schüler ordnen die Geräuschbilder in der gehörten Reihenfolge.

⑥ „Wo ist es?"

Materialbedarf:
Orff-Instrumente oder selbstgebastelte Instrumente

Ein Schüler geht vor die Tür. Die restlichen Schüler verstecken das Instrument des herausgegangenen Schülers. Der Schüler vor dem Klassenzimmer darf wieder hineinkommen und muss jetzt sein Instrument suchen. Die anderen Kinder helfen ihm durch entsprechendes Spielen auf ihren Instrumenten. Je lauter und schneller gespielt wird, desto näher ist der suchende Schüler seinem Instrument. Je weiter er sich von dem Versteck entfernt, desto langsamer und leiser spielen die anderen Kinder. Hat das Kind sein Instrument gefunden, darf ein anderes Kind vor die Tür.

⑦ Instrumentengeschichten

Materialbedarf:
Orff-Instrumente

Der Lehrer erzählt eine Geschichte zu einem bestimmten Thema, z. B. Wetter, Zoo, Schule, usw-, in der verschiedene Geräusche vorkommen.
Jedem Geräusch wird gemeinsam oder in Gruppen ein bestimmtes Instrument zugeordnet.
Nun erzählt der Lehrer (oder ein Schüler) die Geschichte mit entsprechenden Pausen. Die Schüler stellen jeweils in den Pausen die Geräusche mit ihren Instrumenten dar.
Danach wird die Geschichte ohne Worte nochmals nur mit den Instrumenten nachgespielt.

⑧ „Feuer-Wasser-Blitz" im Klassenzimmer

Materialbedarf:
Orff-Instrumente oder Körperinstrumente

Der Lehrer wählt verdeckt drei bis fünf verschiedene Instrumente, z. B. Trommel, Becken etc. aus. Jedem Instrument wird nach vorheriger Vereinbarung ein „Ort" zugewiesen, z. B. Trommel = Stuhl, Becken = Boden etc.
Der Lehrer (oder auch die Schüler) spielen verdeckt nacheinander die verschiedenen Instrumente. Die Schüler begeben sich zum entsprechenden Ort.

⑨ Spiele mit Teppichfliesen

Materialbedarf:
Für jedes Kind eine Teppichfliese; Musik (Gehtempo!)

Wichtige Regeln:
- Die Gummiseite der Teppichfliese ist immer unten!
- Es darf nichts und niemand berührt werden!

Die Teppichfliesen werden im Klassenzimmer verteilt.
Die Musik spielt und die Schüler gehen passend dazu im Klassenzimmer umher. Bei Musikstopp müssen sich die Schüler möglichst schnell auf die nächstliegende Teppichfliese legen (setzen, knien, hocken...).

Varianten:
❶ Wer als letzter sitzt, muss ein Pfand hergeben.
❷ „Reise nach Jerusalem": pro Runde ist es eine Fliese weniger.

- Jeder Schüler nimmt seine Teppichfliese in die Hand und läuft damit passend zur Musik im Klassenzimmer umher. Bei Musikstopp müssen die Schüler ihre Teppichfliese hinlegen und sich draufsetzen.

- Halb so viele Teppichfliesen wie Schüler werden im Klassenzimmer ausgelegt. Die Schüler laufen zur Musik im Klassenzimmer umher. Wenn die Musik unterbrochen wird, müssen sich immer zwei Schüler auf eine Teppichfliese stellen.

❷ Sprech- und Stimmspiele

① Spiele mit Tierlauten

Vorbereitung:
Lehrer und Schüler sammeln gemeinsam verschiedene Tierlaute, z. B. wau-wau, miau, muh, usw. Eventuell sollte man diese auf Kärtchen in Form von Wörtern oder Bildern fixieren und an die Tafel hängen.

• Tierlaute flüstern
Die Tierlaute werden gemeinsam der Reihe nach (Tafel!) geflüstert. Dann flüstert der Lehrer oder ein Schüler einen Laut vor. Die anderen Kinder flüstern ihn nach.

• Tierlaute in verschiedenen Lautstärken sprechen
Vor dem Spiel werden Armbewegungen ausgemacht, die leiser bzw. lauter werden bedeuten. Dann wird ein Tierlaut gewählt, der dann den Armbewegungen entsprechend lauter und leiser gesprochen wird. Dabei wird entweder der Laut nur einmal gesprochen und in der Lautstärke variiert, z. B. muh muh oder der Laut wird mehrmals gesprochen und dabei unterschiedlich laut und leise gesprochen muh muh muh muh muh muh

• Tierlaute in der Gruppe sprechen
Zwei bis vier Kinder stehen vorne an der Tafel. Sie sprechen sich ab, so dass jeder einen anderen Tierlaut imitiert. Sie drehen sich von den anderen Kindern weg und auf ein Zeichen hin, sprechen sie alle gleichzeitig mehrmals hintereinander ihren Laut (Lautstärke, Schnelligkeit des Sprechens kann individuell gestaltet werden). Ein Schlusszeichen lässt sie dann wieder verstummen. Die anderen Kinder müssen nun den Laut und das entsprechende Kind dazu erraten. Dann wird gewechselt. Je mehr Kinder vorne sind, desto schwieriger wird es!

• Tierlaute mit veränderter Stimme sprechen
Schüler und Lehrer probieren gemeinsam, wie sich die Stimme durch verschiedene Eingriffe verändern lässt, z. B.
- durch das Halten der Hand vor den Mund
- durch das Zuhalten der Nase
- durch das Sprechen mit spitzen Lippen
- durch das Formen eines Trichters vor dem Mund etc.

② Spiele mit Fantasiesprache

Viele Lieder bzw. Teile von Liedern bestehen aus „Phantasiesprache“, z. B.
- „Aram sam sam“
- „Inge dinge dinge“ („Der Papagei ein Vogel ist“)
- „U gonni gonni sa“
- „O porto packa, morto macka“ („Gestern an der Haltestelle“) usw.

Viele solcher Lieder findet man in den gängigen Musiklehrwerken!
Nach dem gemeinsamen Lesen oder Anhören sollte man Vermutungen zur Bedeutung anstellen lassen. Die Schüler sollten die Situation spielen, in der jemand so spricht, z. B. bei einer Begrüßung, beim Einkaufen etc.
Schüler und Lehrer sprechen gemeinsam den Text auf verschiedenste Art und Weise, z. B. fragend, befehlend, traurig, fröhlich, böse, wütend usw.
Sicher lassen sich dazu auch entsprechende mimische und gestische Sprachmittel finden. Auf diese Weise kann man auch die Einführung eines neuen Liedes in der Klasse intensiver gestalten. Die Schüler lernen dabei gleich Text und Rhythmus eines Liedes !

③ „Kofferpacken mit Geräuschen“

Die Spielregeln sind die gleichen, wie bei dem bekannten Spiel „Kofferpacken“, nur dass hier jetzt keine Dinge benannt werden, die man einpackt. Hier werden Geräusche „eingepackt“. Alle Schüler müssen die von ihren Vorgängern „eingepackten“ Geräusche wiederholen und jeweils ein neues Geräusch hinzufügen.

Beispiel:
Der erste Schüler sagt:
„Ich packe meinen Koffer und nehme mit mein *‚tut tut‘*.“
Der zweite Schüler sagt:
„Ich packe meinen Koffer und nehme mit mein *‚tut tut‘* und meinen *‚brrrrr‘*.“

Und weiter so ...

❸ Rhythmusspiele

① Spiele mit Alltagsgegenständen

Vorbereitung:
Vor dem Spiel werden Zeichen vereinbart für
- lautes und leises Spielen
- schnelles und langsames Spielen
- Schlusszeichen

Die Schüler trommeln auf den Boden nach entsprechenden Zeichen durch den Lehrer bzw. einen Mitschüler:
- mit der flachen Hand
- mit der Faust
- mit der Ferse
- mit dem ganzen Fuß u.ä.

Varianten:
- Andere Schulgegenstände sind möglich (z. B. Tisch, Stuhl, usw.).
- Jedes Körperinstrument mit einem Gegenstand verküpfen und dann auf vorher vereinbarte Zeichen hin entsprechend spielen.
- Es werden nicht nur schnelle Wechsel von laut zu leise gespielt, sondern auch fließende Übergänge (crescendo, decrescendo).
- Es können auch einfache Rhythmen gespielt werden.

② „Uhrenspiel"

Materialbedarf:
Verschiedene Trommeln oder auch andere Orff-Instrumente

Der Lehrer spielt auf seinem Instrument völlig gleichmäßig das Ticken der Uhr nach. Die Schüler nehmen das „Ticken" auf und spielen gleichmäßig mit. Dann spielt jedes Kind nacheinander einen Uhr-Schlag, wobei die Gleichmäßigkeit (Uhrwerk!) erhalten bleiben muss.

③ „Dirigentenspiel"

Materialbedarf:
Verschiedene Orff-Instrumente oder Körperinstrumente

Der Lehrer spielt einen bestimmten Rhythmus immer wieder.
Die Schüler spielen mit. Wenn alle Schüler und der Lehrer den gleichen Rhythmus spielen, wechselt der Lehrer ohne Vorankündigung den Rhythmus und die Schüler müssen sich diesem neuen Rhythmus anpassen.
Dieses Spiel kann beliebig lange gespielt werden.
Bei geübten Schülergruppen kann auch ein Schüler „dirigieren".

Literaturverzeichnis

Bräutigam, Gabriele: Das Klappmaulfigurenspiel, in: PW/95, S. 329 - 332

„Seht doch nur, da liegt die Katze" aus: Schaffner, Karin: Die Welt ist schön, Pohl-Verlag, Celle 1991

„Ach Kasperl, lieber Kasperl mein" nach „Laurentia, liebe Laurentia mein" aus: Evang. Jugendwerk Nürnberg: Halte deine Träume fest, Nürnberg 1992

„Lied der Frösche" aus: Hering, Wolfgang: Bewegungslieder für Kinder, Rowohlt Taschenbuchverlag GmbH, Reinbeck b. Hamburg 1999

„In der Schule" aus: Lemmermann, Heinz: Die Zugabe, Band 3, Fidula Verlag, Boppard/Rhein und Salzburg

„Hexenrezept" aus: Brandt, P. u.a.: Fächerübergreifendes Unterrichten, Modelle zum 2. Schuljahr, Oldenbourgh Verlag, München 1987
Melodie aus: Das Buch der Hexen von Werner Haller © Middelhauve Verlags GmbH, München für Herold Verlag

„Der Frühling ist da" nach Tra-Ri-Ro aus: Jöcker, Detlef.: Das Krabbelmäuse Liederbuch, Menschenkinderverlag, Münster 1998

„Ein Herbst ist das" aus: Lemmermann, Heinz: Die Sonnenblume, Fidula Verlag, Boppard/ Rhein und Salzburg 1997; Text/Melodie: Johanna Niegl

„Wiegenlied der Tiere" aus: Niegl, Johnna.: Familie Bär, Fidula Verlag, Boppard/Rhein und Salzburg 1997

„Ampellied" aus: Köhrmann, Martina und Rosin, Volker: Sicher ist sicher, Neue Hits, Spiele und Übungen zur Verkehrserziehung, Vogel Verlag, München

„Geräusche-Rätsel-Lied" aus: Köhrmann, Martina. und Rosin, Volker.: Sicher ist sicher, Neue Hits, Spiele und Übungen zur Verkehrserziehung, Vogel Verlag, München

„Die hilfsbereite Schnecke ´Mira´" aus: Wagner, Elisabeth: Quacki, der kleine freche Frosch, 37 lustige Klanggeschichten für Kinder von 3 - 8, Don Bosco Verlag, München 1995

„Der einsame Frosch" aus: Moser, Erwin: Der einsame Frosch, Beltz Verlag, Weinheim und Basel 1984

„Keine Ruh für Vater Bär" aus: Murphy, Jill: Keine Ruh für Vater Bär, Beltz Verlag, Wien, München 1998

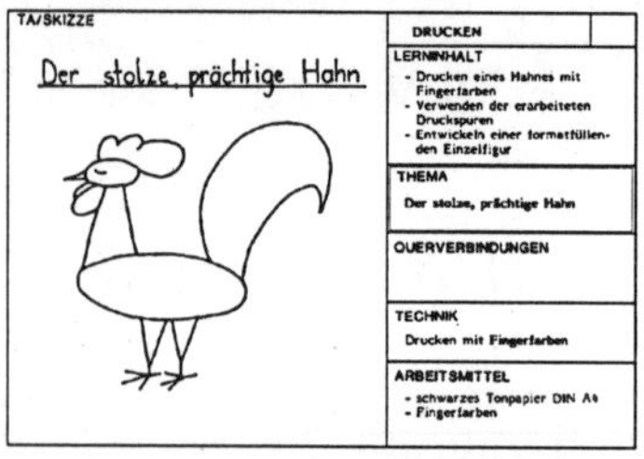

Inhaltsübersicht:

Zur Arbeit mit der Kartei
Hinweise zur Arbeit mit der Klasse
I. ZEICHNEN und MALEN
Vorbemerkung zur Technik
Meine Schultüte
Unser Kasperl ist traurig und fröhlich
Der kleine Wassermann
Spannenlanger Hansl - Nudeldicke Dirn
Eine Schlange auf der Wiese
Ich stehe im Regen
Wir malen eine Laterne als Fensterbild
Ich stehe vor dem Nikolaus
Frau Holle schüttelt ihr Bett aus
Was ich am Montag ... mache
Vögel am Futterhäuschen
Eine verkehrsreiche Straße
Ein prächtiges Osterei
Ein Küken schlüpft aus dem Ei
II. DRUCKEN mit FINGERFARBEN
Vorbemerkung zur Technik
Wir drucken Obst für unseren Wunderbaum
Der stolze, prächtige Hahn
Wir drucken das Silvester-Feuerwerk
Wir drucken einen Kirschbaum
III. MALEN mit DECKFARBEN
Vorbemerkung zur Technik
Mein Farbkasten
Wir stellen einen Farbkreis her
Ich male mich beim Faschingszug
Wir malen ein Feuerwehrauto
Wir malen den Bibabutzemann
Der Struwwelpeter
Pumuckl
Das kleine Gespenst
Das Johannisfeuer
Kleintier: Schildkröte
Meine Wunderblüte
Wir malen einen Schmetterling
Der Regenbogen
Wir gestalten eine Muttertagskarte
IV. DARSTELLENDES SPIEL
Vorbemerkung
Wir ernten Obst
Streitgespräch zwischen Hahn und Henne
V. BILDBETRACHTUNG
Vorbemerkung
Das Mädchen und die Katze
Ich und mein liebstes Tier
Die Mohnblumen von C. MONET
Wir malen das Mohnfeld von C. MONET
VI. GESTALTEN/SCHNEIDEN/FORMEN
Wir schmücken unsere Weihnachtskarte mit einem Engel
Wir basteln einen Adventskalender
Ein Spitzendeckchen für den Geburtstagstisch
Ich knete meine Geburtstagstorte

Kunstunterricht 1
Nr. 109 *152 S.* **DM 33,90/** €17,33

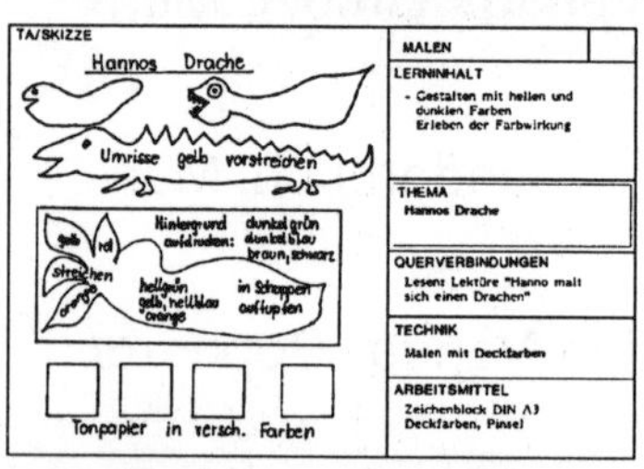

Inhaltsübersicht:

Zur Arbeit mit der Kartei
Hinweise zur Arbeit mit der Klasse
I. ZEICHNEN und MALEN
Vorbemerkung zur Technik
Die Kinder der Klasse 2 ...
Mutter und ich kaufen ein
Ich auf dem Schulweg
Das Rübenziehen
Die Heiligen Drei Könige
Mein Tageslauf
Geranien
Ein Maibaum im Klassenzimmer
Fische im Aquarium
Mein Blumenbeet
Der Polizist regelt den Verkehr
Mein Drachen und ich im Wind
Der Geist aus der Flasche
II. Mit farbigen Stempeln drucken
Vorbemerkungen zur Technik
Ein Igel in der Wiese
Ein Lesezeichen als Weihnachtsgeschenk
Tannenzweig mit Kerzen
Schneemann
Wunderblume
Katze oder Hase
Ein Briefumschlag für unsere Muttertagskarte
Märchenstadt
III. MALEN mit DECKFARBEN
Vorbemerkungen zur Technik
Versuche mit Pinseln und Farben: Salatplatte
Mein Pauseapfel
Ich geh mit meiner Laterne
Heiliger Nikolaus
Heller Stern in dunkler Nacht
Der Fehlervogel
Kasperl
Ich laufe Schlittschuh
Hannos Drache
Mein Banknachbar und ich
Der Fisch schnappt den roten Gummiball
Bunte Wiese
IV. DARSTELLENDES SPIEL
Vorbemerkung
Mutter und ich kaufen ein
Der Wind bewegt die Welt
Verkehrspartner verständigen sich
V. BILDBETRACHTUNG
Vorbemerkung
Der Zappel-Philipp
Weihnachtskrippe
„Sommer" von BARBARA RESCH
Wir malen den Sommer von BARBARA RESCH
VI. GESTALTEN/SCHNEIDEN/FORMEN
Augenmaske
Die Klasse 2 ... im Faschingszug
Seidenpapier-Ostereier
Eine Wunschblume für Mutter

Kunstunterricht 2
Nr. 152 *164 S.* **DM 33,90/** €17,33

Inhaltsübersicht:

Organisation
Nicks Geburtstag
Lerninhalt: Farbfamilien
Opas Geburtstagsgeschenk
Lerninhalt: Deckendes Malen
Im Weltall
Lerninhalt: Breite und schmale Pinselführung
Die Notlandung
Lerninhalt: Verschiedene Farbauftragsmöglichkeiten durch Tupfen, Tropfen, Spritzen
Der Unterwasserplanet
Lerninhalt: Nass-in-Nass-Malerei
In der Falle
Lerninhalt: Farbwirkung: hell - dunkel
Der verlassene Planet
Lerninhalt: Farben mischen/aufhellen mit Deckweiß
Beim lustigen Gesellen
Lerninhalt: Farben mischen - orange Farbtöne
Die Farbtöne des Riesen
Lerninhalt: Mischen der Grundfarben Gelb, Rot, Blau

Kunsterziehung 1./2.
Nr. 858 *40 S.* **DM 15,90/**€8,13

Inhaltsübersicht:

1. Ein grauer Regentag (Text und Gestaltungsvorschlag)
2. Im Land der blauen Farbtöne
2.1 Die tausend Federn (Text und Kopiervorlage)
2.2 Im Eismeer (Text und Gestaltungsvorschlag)
3. Im Land der roten Farbtöne
3.1 Auf der Mohnblumenwiese (Text und Kopiervorlage)
3.2 Das Höllenhaus (Text und Gestaltungsvorschlag)
4. Im Land der gelben Farbtöne
4.1 Zwischen den Sternen (Text und Kopiervorlage)
4.2 Tortilla im Tortenturm (Text und Gestaltungsvorschlag)
5. Im Land des rot-grünen Farbkontrastes
5.1 Der Kräutler (Text, Kopiervorlage und zwei Gestaltungsvorschläge)
6. Im Land der bunten Farben
6.1 Auf dem Regenbogen (Text und Kopiervorlage)
6.2 Meine bunte Welt (Text und Gestaltungsvorschlag)
Literaturangabe
Blaich, Ute: Julia und ihr Pferd. Geschichten zum Malen, Oldenbourg 1974

Kunsterziehung 3./4.
Nr. 786 *28 S.* **DM 12,90/**€6,60

STUNDENBILDER für die GRUNDSCHULE

Tanja Littwin/Susanne Seitz

Begegnung mit Kunstwerken 1./2. Jahrgangsstufe

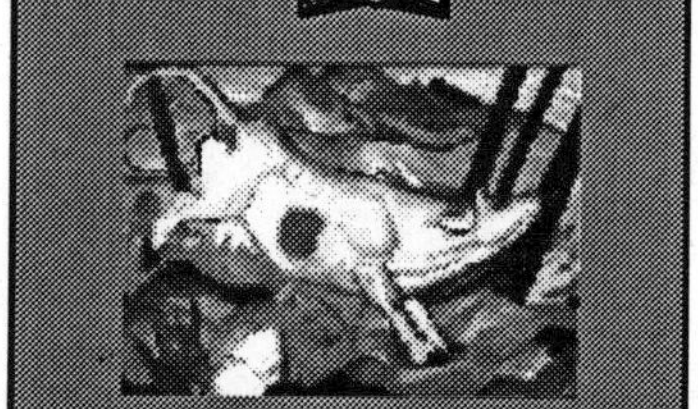

• LEHRSKIZZEN • TAFELBILDER • ARBEITSBLÄTTER
Dazu lieferbar: 9 Farbfolien

Inhaltsübersicht:

Betrachtung von Kunstwerken
1./2. Jahrgangsstufen

1) „Paul als Harlekin" von Pablo Picasso (1924)
2) „Eisenbahn bei Murnau" von W. Kandinsky (1909)
3) „Die Fluchtleiter" von Joan Miró (1940)
4) „Stillleben mit Obstkorb" von Paul Cézanne (1890)
5) „Die Gelbe Kuh" von Franz Marc (1911)
6) „Städtebild" von Paul Klee (1921)
7) „Der blaue Zirkus) von Marc Chagall (1950)
8) Das „Hundertwasserhaus" Wien (1977-1986)
9) „Monets Garten in Giverny" von C. Monet (1895)

Begegnung m. Kunstwerken1./2.
Nr. 791 *84 S.* **DM 28,90/**€14,78

Foliensatz

9 Farbfolien

Inhaltsübersicht:

Betrachtung von Kunstwerken
1./2. Jahrgangsstufe
9 Farbfolien mit 14 Abbildungen

1) „Paul als Harlekin" von Pablo Picasso (1924)
2) „Eisenbahn bei Murnau" von W. Kandinsky (1909)
3) „Die Fluchtleiter" von Joan Miró (1940)
4) „Stillleben mit Obstkorb" von Paul Cézanne (1890)
5) „Die Gelbe Kuh" von Franz Marc (1911)
6) „Städtebild" von Paul Klee (1921)
7) „Der blaue Zirkus) von Marc Chagall (1950)
8) Das „Hundertwasserhaus" Wien (1977-1986)
9) „Monets Garten in Giverny" von C. Monet (1895)

Begegnung m. Kunstwerken1./2.
Nr. 676 9 Farbf. **DM 39,80/**€20,40